Jean Prosper Zalang Zang

Ah j'ai failli raté ma vie :

Jean Prosper Zalang Zang

Ah j'ai failli raté ma vie :

DE LA DÉRIVE À L'EXCELLENCE

Éditions Muse

Imprint

Cover image: www.ingimage.com

Publisher:
Éditions Muse
is a trademark of
Dodo Books Indian Ocean Ltd. and OmniScriptum S.R.L publishing group

120 High Road, East Finchley, London, N2 9ED, United Kingdom
Str. Armeneasca 28/1, office 1, Chisinau MD-2012, Republic of Moldova, Europe
Printed at: see last page
ISBN: 978-620-4-96392-1

AH J'AI FAILLI RATER MA VIE : DE LA DÉRIVE À L'EXCELLENCE

AVANT PROPOS

Comprendre le livre.

Ah j'ai failli rater ma vie : DE LA DÉRIVE À L'EXCELLENCE, est une œuvre entièrement basé sur des faits réels. **Inspiré** par la vie même de toujours, de son auteur, ici révélé en la personne du personnage "**Mélo**". Cette histoire d'une vie révèle le caractère **attentionné** de Dieu à l'endroit de celui qu'il choisit pour **accomplir son œuvre**. Celui-là, qui, même au plus profond de sa **dérive** demeure l'œuvre de l'excellence choisi par Dieu. Cette **excellence** tant désirée par lui mais que le tentateur veut leurrer sans cesse loin du **vrai bonheur**. Davantage, elle nous renseigne sur la façon de **procéder** de l'Éternel lorsqu'il **choisit** ce fils pour conté ses œuvres infinies à l'égard de ses autres **brebis égarées** comme lui autrefois loin de sa face. À cet effet, ce livre révèle le **combat du juste**, ici reparti en sept étapes, qui même après ses mille et une **chutes** a su se relever pour atteindre son bonheur ; sa **vie éternelle**. Nous vous conviendrons donc qu'une telle démarche revêt une dimension **empirique** des faits y conté car ne pouvant se fondé essentiellement sur des faits inspirés, mais qui a besoin pour la **véracité conforme** de cette œuvre d'être éprouvé au **passage de l'épreuve**, pour le conté sans encombres à tous les autres fils. Ma vie je l'ai vécu comme vous ; **je n'étais pas préparé** pour tous ce qui allait suivre. J'ai dû donc passer par **mille et un chemin** pour me rendre à celui qui m'en fit don pour que lui-même **redéfinissent les paramètres** de celle-ci. Pour **l'écriture** je me suis trouvé un don. Cependant mettre ce don là au **profit du seigneur** me fit autrefois, la **bataille** que devais mené le **juste homme** cité ici plus haut. Tant de **barrière et de chaîne** au travers de moi auxquels je me suis lié **amitié** pour ne pas **répondre à l'appel de mon sauveur** qui **retentissait** mais alors déjà de façon **très pressante** au fond de mon **coeur**.

L'auteur.

SOMMAIRE :

PRÉFACE

Cher **lecteur**,

Nous voilà donc embarquer dans une **œuvre d'esprit**. Le sens de **notre vie**. Soyons donc les bienvenus j'aimerais à dire mais **le but est si grand encore** et ne saurait tarder. Alors joignons nous au peloton et **courront au but**. Car le meilleur des coureurs n'en demeure autre que celui qui court **droit au but**. **Mon œuvre, votre œuvre, notre œuvre** j'aimerais à dire. Sentez-vous y **représenter** et davantage voilà qui serait mieux. Fait gaffe car **le temps file**. Ce livre n'est pas un traité académique, mais un **guide pratique** immédiatement applicable au **lecteur aguerris** que nous sommes. Le but de notre présence ? **Ah j'ai failli rater ma vie**. À cet effet, l'histoire va **de la dérive à l'excellence**. Voilà donc là qui pourrait nous être utile de **révéler les secrets** de notre **excellence**. Prêt ? Allons-y.

L'auteur et ses mille lecteurs.

Dédicace au lectorat

Ah j'ai failli rater ma vie : DE LA DERIVE A L'EXCELLENCE, une œuvre pour tous et par tous.

INTRODUCTION

Psaumes 72 :12 « Car il délivrera le pauvre qui crie, et le malheureux qui n'a point d'aide ». Le ***misérable*** *crie ; que peut-il faire d'autre ? Son cri est* ***entendu de Dieu*** *; que lui faut-il d'autre ? Que celui de nos* ***lecteurs*** *qui est donc misérable* ***crie donc à Dieu****, ce serai là* ***sagesse*** *; et non plus* ***folie*** *qui jadis * nous* ***oppriment****. Ne crions pas aux oreilles de nos* ***amis****, car même s'ils peuvent nous* ***aider****, ce ne sera que par le* ***secours du seigneur****. Le plus sûr est d'aller* ***droit à Dieu*** *et de faire monter nos cris à lui.* ***Celui qui court droit au but est le***

meilleur des coureurs. Courons donc à Dieu et non aux **moyens secondaires**. Hélas ! Disons-nous que nous souffrons de **mille maux**. D'autant mieux sont là **mille bonnes raisons** d'aller à lui. Nos **mille besoins** seront là nos **mille causes** quand il adviendra pour lui de poser son **regard** sur nous et de **nous défendre**. Même pour nos **grâces temporelles**, nous pouvons **compter sur lui**, car il s'occupe aussi des besoins temporels de **ses enfants**. Et pour les **secours spirituels**, de beaucoup les plus **nécessaires**. Le **seigneur** n'entendrait-il-il pas notre cri et ne nous donnerait-il pas **aide et délivrance** ? Ô pauvre ami, notre **Dieu est riche** ! Et nous qui sommes sans force, **appuyons-nous sur lui**. Il ne nous a jamais fait défaut et il ne saurait manqué à ses **divines promesses**. **Venons à lui** sans autre excuse que **sa grâce** et il nous révèlera sa face. **Jésus est Roi**, nous laissera-t-il périr ? **Peux-tu le croire** ? Ce jour est un jour tout **neuf**. Il n'a jamais existé et jamais n'existera plus. **Prends donc ce jour et fais-en une échelle pour accéder à des sommets plus élevés**. Ne permettons pas que la **tombée** du jour nous trouve **semblable** à ce que nous étions à **l'aube**. **Faisons de ce jour un jour unique, mémorable.** Enrichissons-le et, ce faisant **enrichissons nous**. Ce jour est un **don de Dieu**. Il n'est donc pas quelque chose qui va de soi. **Il nous est spécialement offert par notre Dieu. Prenons-le donc entre nos mains avec un sentiment de ferveur.** Amen ! Et je puis nous souhaiter **bon usage.** Car ils le demanderont. Je suis le Mec* qui **vient de loin** et figure-toi qui s'en va **très loin**. Dans ma tête tout ça trotte dans un sale coin. **Difficile** de trouver une aiguille dans une motte de foin. **Difficile à croire je ne suis pas le roi juste le maître.** Et ce troupeau là je veux **paître**. Vivre ma vie et **le connaître**. C'est là toute **l'essence de mon être.** J'ai dû m'en aller, j'ai dû fuir. Ma conscience m'a dit de **m'évader,** tout seul **Loin du bruit**. Je n'étais pas **préparé** pour le **meilleur** comme pour le **pire**. J'ai dû donc me débrouiller face à ce qui allait suivre. Le **Christ m'a ramené** de l'autre côté de la rive. Ainsi, j'ai dû donc **planer pour le suivre**. Maman a temps **pleuré** pour son fils **unique**. Ainsi, j'ai dû tout donner pour la voir **sourire**. Visa embarqué pour un **autre pays**. J'ai dû m'en aller, pour être **libre**. Être enfin **délivré** pour pouvoir **vivre ma vie**. **Et là-haut je m'en irais. C'est là donc ma patrie.** J'ai dû basculer du côté des **incompris**. Etre décalé pour avoir du chiffre. Momentanément **retardé pour échapper** au fisc. Partir sans me retourner, pour ne pas voir **les larmes mon fils.** Pleurer je l'entends crier. **Où vas-tu ? me dit-il.** Seigneur ayez pitié de mon **pauvre fils**. Au fond de moi mes os sont **brisés**. Mais je dois **payer le prix**. Comme l'Afrique être **partagé**. Sans demander mon avis. J'ai voulu me bagarré, ils ont dit que je suis **maudit**. Je ne connais Pas-de-Calais ou encore Benghazi. **Tirailleurs** Sénégalais dans une guerre nazie. **Ma vie j'ai failli la rater pour des buts inutiles**. Seigneur ayez pitié. Je le dis juste pour la rime. En vrai tu m'as délivré, des **peines** qui jadis m'oppriment. A jamais je suis **racheté**. Et **mon âme ravie**. Tu m'as permis de croire, quel **état d'esprit ! Te louer c'est tout ce qui m'anime.**

1ere partie : DE LA DÉRIVE

« Carmelo c'est toi qui dérange » ; me dis cette nuit **Lantana**. « C'est toi qui ne comprends rien ». Me **martela**-t-elle de nouveau. « Tu l'as en toi ce truc, tu es né avec cela en toi mon ami et surtout ne gâche pas tout. Ton papa t'aime énormément et c'est pourquoi il est souvent dur avec toi ». Tout **muet** à son propos, elle **progressa** en me disant : « c'est parce qu'il a peur que tu ne deviennes pas l'homme qu'il a toujours su en toi ; et donc mon ami s'il te plaît ne gâche pas tout...tu as trop de personnes qui croient en toi alors ne les déçois pas ». « Ton problème c'est que tu te laisses corrompre par tes compagnies, réduis en le nombre considérablement et tu verras que les choses changeront et tu te rappelleras de moi ». Me dis-t-elle. Ô ! Je ne l'avais pas **vu de cet œil** mon Dieu, je ne m'étais même pas rendu compte de l'énorme **potentiel** dont je faisais gâchis. Parvenue à ce **stade**, où dans ma vie rien est **stable**, j'avoue j'en suis **paralysé**. Mais comment faire pour me **libérer** de ce **tourment** dans lequel est plongé ma vie ? Ce **bordel** que moi-même j'ai créé tout au long de mon **existence**. Me demandais-je toute la nuit. Mais à mon **réveil** tout devinrent plus claire. On dirait que **j'avais toujours su** d'ailleurs la chose à faire pour **m'extirper** de l'abîme profond dans lequel j'étais **englouti**. Oui, **la solution** était toujours plus **proche de moi**. Mais trop **aveugle** pour m'en apercevoir. **"C'est Dieu bien-sûr la solution Mélo !** Rien de plus qu'on ne te ment pas. **C'est lui qui soutient le faible et rassure l'affligé. C'est lui qui est capable d'opérer un miracle dans ma vie**". Alors mon Dieu je te prie d'opérer **mon miracle**. Que ma vie soit un **témoignage vivant** pour tous tes enfants. Que le monde témoigne de **ta grandeur** à travers les œuvres que tu auras accomplies **dans ma vie**. Que mes actes te rendent gloire et que mon cœur trouve **la paix en toi et en tes commandements. Ma vie sans toi est déserte mon Dieu**. Toutes **mes entreprises chavirent** les unes après les autres. **Des idées brillantes** viennent et **surgissent** de ma tête, **mais n'aboutissent point** car je ne marche pas avec mon Dieu. Avant cette nuit, il faut dire que je détenais **la formule adéquate** pour foutre en l'air ma vie : **alcool, sexe, drogue à volonté**. Rien ne se faisait sans moi. **"Mélo c'est toi qu'on connait ; Mélo la Tchat, Mélo business, Dragovic le 3 de l'Autriche, Gor la Montagne, Zalando, Alexis Zaza**". Rien que **des noms d'empereurs**. Je me voyais cool au regard des autres et le savais **au tréfonds de moi**. Avant ce stade de ma vie, je n'ai jamais fait **fi de compréhension.** Trop **orgueilleux** pour reconnaître mes torts ; trop charismatique pour **me rabaisser** devant les autres. Pour moi c'était claire :**"jouer le Mec solide le plus longtemps possible**". Alors que rien de ma vie n'était basé sur **des fondations solides**. Trop loin de Dieu pour en bénéficier. Dans ce cas, c'est le diable le plus **heureux**. Dérive sur dérive je sombrais ; dont la plus ancienne était **le pari**. Eh oui à mes âges de jeunesse c'était **ma passion**. Je la partageais avec une autre tout aussi captivante qui est **: l'analyse statistique**. Formant ainsi **un cocktail addictif** à mon cerveau ; qui, avait besoin de ça pour **avancer**. Merde ! **J'étais addictif**. Tickets grillé par ci et là, organisation de parties privées de **jambo** * à la demande, où coulait sommes colossales et **chagrin**. Mais trop **accro** pour arrêter. Je me lamentais dans le cœur, mais **je ne priais pas.** Trop **honteux** pour me tenir devant mon père. Trop **turbulent** pour écouter les conseils de mes parents. J'étais addict mon Dieu ! **Incapable de voir** le mal que cela me faisais. Et c'est là que j'entendis mes premiers « Mélo tu as changé ». Et maman qui me disait « je ne te reconnais plus » et à papa de s'écrier : « un intellectuel ? ». Avant tout ça, j'étais **quelqu'un de bien**, ancré dans **ma foi** et partageant une relation profonde avec **mon Dieu**. Mon passage biblique préféré à l'époque : **Romain 14**. Ce texte où **l'Éternel nous dévoile nos devoirs envers les autres** en ces mots : « Accueillez celui qui est faible dans la foi sans discuter ses opinions. L'un à la conviction de pouvoir manger de tout ; l'autre, qui est faible dans la foi ne mange que des légumes. Que celui qui mange de tout ne méprise pas celui qui ne le fait pas, et que celui qui ne mange pas de tout ne juge pas celui qui le fait, car Dieu l'a accueilli. Qui es-tu pour juger le serviteur d'un autre ? Qu'il tienne bon ou qu'il tombe, cela regarde son seigneur. Mais il tiendra bon car Dieu a le pouvoir de l'affermir... ». Je découvrais ce texte à **mes âges les plus faibles** soit entre 7ans et 10ans et je décidai de **fonder ma vie** sur cette recommandation du seigneur. Ainsi je connus **l'amour de Dieu dans ma vie** et pratiquait cette amour envers les autres. C'est de là que me vinrent cette **compassion** envers mon entourage, **ce partage de tout** ce que je possède ; car pour moi ce qui valait le plus c'était de **ne faire offense à personne**. J'entretenais ces **paroles saintes** jusqu'à mon adolescence, puis **soudain tout s'arrêta**. Je commençai à éprouver un

désintérêt complet de la chose de Dieu. Auparavant fidèle actif **dans la maison du seigneur**, et là tout à coup **je n'y allais plus** ; dupent ainsi la vigilance de **mes parents** qui eux **très croyants** nous encourageaient à y aller. C'était clairement **la voie de la perdition** que j'empruntais. Je ne me reconnaissais plus en **la chose de l'Eternel**. J'éprouvais davantage un désintérêt car je connaissais désormais **échecs scolaires** et manquais clairement **d'humilité pour revenir** à mon père. Je m'engageais sur ce sillage tête basse car **je manquais clairement de foi**. Je n'avais plus rien là à l'intérieur qui me rassurait, j'étais vide au sens littéral. **Je ne priais plus**. Trop fatigué pour le faire, car j'avais davantage **confiance en mes addictions** qu'en mon Dieu. Et je balançai d'addiction en addiction : **l'alcool pour remplacer le pari ; la drogue et le sexe pour remplacer l'alcool et le pari**. En claire, **je n'étais plus moi-même.** Trop **faible** pour m'en sortir tout seul, mais aussi trop **fière** pour demander de **l'aide**.

2e Partie : À L'EXCELLENCE

Le premier passage à la **guérison** c'est la **constatation**. Constater que quelque chose ne va pas et vouloir y **remédier**. Remédier devient ainsi le second pan dans notre **processus de guérison**. Car en voulant remédier à la situation, ce sont des **solutions** qu'on apporte à notre vie. Ayant fait le **bilan** de celle-ci, nous avons besoin de repartir sur de **nouvelles bases**. Du coup il faut chercher des solutions à notre mal-être. Rien de mieux dans ce cas que des **résolutions**. Prendre des résolutions fortes, des résolutions pensées. Car personne d'autre ne le fera à ta place premièrement et enfin parce que tu as besoin de ça pour **avancer**. Ce sont **tes leitmotiv***. Ces mots-là qui te **motive**, qui te donne envie de **devenir quelqu'un de meilleur**. D'abord devant **ton seigneur** et puis pour **toi même** et pour **les autres**. Les autres pourquoi je m'interroge ? Tout simplement parce que nous vivons dans **un environnement** peuplé d'un peu plus de **huit milliards de personnes** à nos jours et que notre vie en elle-même est **connecté** à celles des autres. Et donc **notre conduite** au milieu de tout ça doit être **exemplaire**. Car c'est à travers **le regard que je porte autres** que je me vois. C'est en côtoyant les gens que nous faisons cette **appréciation de nous-même** et savons où l'on se situe. Si **nos rapports** sont bons dans **notre entourage**, alors nous pouvons en être **fière** car cela est **le reflet de notre conduite.** S'ils sont mauvais c'est toujours le reflet de celle-ci. Alors, nous devons **changer les choses**. Et c'est clairement de ça que j'avais besoin : **changer les choses**. **"Mélo t'es intelligent et fort, t'es quelqu'un de bien qui s'est juste égaré ; rien de nouveau. Les hommes ont souvent eu tendance à s'égarer mais beaucoup s'en sont remis"**. Me disais ma voix intérieure ! **L'histoire de ma vie** ne s'achèvera pas sur des échecs, il me faut donner une suite favorable à tout ça. **Réaliser enfin ma mission** sur terre, la mission de ma vie ; **découvrir le plan de Dieu**. Les échecs sont en elles-mêmes **des épreuves**. Des épreuves que l'Eternel lui-même mets en face de nous pour nous faire découvrir une **logique** et **resserrer nos liens** avec lui. Les épreuves sont des moments où notre **Dieu nous parle**, des moments où nous devons lui **démontrer notre ferme assurance** en sa loi et ses commandements. **Les épreuves ne doivent pas nous éloigner de notre Dieu** tout simplement. Car c'est lui qui dit : « Je suis l'Eternel, ton Dieu qui t'ai fait sortir d'Egypte, de la maison d'esclavage... partout où je rappellerai mon nom, je viendrai vers toi et bénirai...>> Exode 20. **C'est Dieu bien-sûr la solution** à tous nos maux. Ça reste et demeure-lui **notre secours dans la détresse**. C'est lui le **maître de l'univers**. C'est lui qui est capable de **créer un passage** où il n'y en a pas ; **c'est lui qui ouvre et referme des portes**

dans nos vies. C'est lui qui fend la mer en deux et nous fait traverser engloutissant au passage **l'ennemi** dans celle-ci. C'est lui qui est « mon berger » me rappelle le psaumes 23. **Dieu est là pour nous**. Il veut bien dans son plan nous amenés avec lui dans son royaume ;"**un royaume inébranlable**". D'où la venue de son **fils unique Jésus Christ** afin que quiconque **croit soi sauvé**. **La paix vient de Dieu**. La vie, la richesse, la santé, le bonheur, **toutes ces choses viennent de Dieu**. Et **pour en bénéficier** c'est simple :**il faut croire**. Croire que **Dieu existe**. Croire que sans lui rien n'existe. Car : « au commencement Dieu créa le ciel et la terre. La terre n'était que chaos et vide. Il y avait des ténèbres à la surface de l'abîme et l'esprit de Dieu planait au-dessus de l'eau... » Genèse 1. **C'est Dieu le début et la fin de toute chose**, c'est lui l'Alpha et Omega. C'est pourquoi **nous devons le placé au centre de nos vies** pour que tout avance comme il est écrit. **Avoir Dieu à ses côtés c'est avoir tout**. La force pour surmonter nos problèmes nous viens de lui. Quand nous le possédons avec nous, c'est lui qui résout à cet effet nos problèmes. **C'est lui qui combat pour nous et nous accorde des victoires.** Les victoires sur les dangers environnants. Les victoires contre les **plans du malin** et ses émissaires. Les victoires sur nos problèmes. **Avoir Dieu pour soi c'est déjà remporté la victoire**. C'est pourquoi dans l'épreuve, **que notre cœur regarde toujours à Dieu** si nous voulons remporter la victoire. Davantage, **prenons Jésus pour refuge et tout ira bien**.

3e Partie : À L'EXCELLENCE

Désormais pour moi c'était claire je n'étais plus **malade**. Je ne souffrais plus du poids de mes **interrogations** en longueur de journée car j'avais trouvé **un refuge sur lequel m'appuyer**. **Je marchais désormais avec mon Dieu** et je ressentais enfin ce soulagement qui me fit un bien fou. **J'étais en paix**. Je connus la paix dans ma vie comme jamais auparavant. **J'avais désormais la conviction** en ce que je faisais et en qui j'étais devenu moi-même. **Il y avait désormais un avant et un après dans ma vie**. Avant c'était le Mec plein de **potentiel** qui ne savais pas qu'il en avait. Qui ne prenait pas ce qu'il faisait au **sérieux** ; qui voulait **tricher** pour réussir l'épreuve et non **l'affronter**. Désormais celui que je voyais dans la glace m'avait l'air plus sûr, il avait du **talent** et savait qu'il en possédait **énormément**. Waouh ! C'était **le déclic de ma vie**. J'étais plus sûr de moi désormais, en mes capacités et sans oublier en mon Dieu. **Ma foi était retrouvée**. Je savais désormais que j'allais **réussir ma vie**. Je savais désormais ce que je devais faire pour réussir ma vie et comment je devais le faire. Pour moi c'était devenu simple tel un **tracé** à mes yeux. Je savais qu'il n'y avait qu'à **demander** et que l'objet de ma demande me serai **accordé**. J'étais **libre de tout désemparement précédent.** J'étais **confiant en moi et en mon Dieu**. Je savais qu'il ne m'abandonnera pas. Et que **partout** où je serai il serait là avec moi et tout ce que je **toucherai**, il le toucherait bien avant que je ne le touche. En claire, **j'avais remis ma vie entre ses mains**. Lui le Dieu omniprésent, omnipotent et omniscient. De quoi avais-je encore peur ? **Rien**. Je n'étais plus à moi désormais, **la gestion de ma vie n'était plus entre mes mains de pécheur ; mais entre celles du meilleur architecte qui soi.** Je savais déjà profondément que j'allais **réussir ma vie**. Désormais mon Dieu était le **commanditaire** et moi le simple **exécutant**. J'avais **retrouvé ma foi** et c'est elle qui **me sauva**. **Mon Dieu à création et moi à la baguette pour les finitions**. Waouh quel **duo étincellent**. C'était désormais le schéma de ma vie. Le schéma pour réussir sa vie : **mettre Dieu au-devant de toute chose**. Faire savoir à Dieu ce que nous faisons et non faire appel à lui **uniquement** quand nous sommes en **détresse**. C'est logique tout ça, mettons-nous un temps soit peu à la place du seigneur. Aimerions-nous que notre enfant fasse des choses dans le **silence** et ne reviens à nous uniquement quand celles-ci ont **capotées** et nous réduis au passage uniquement comme son financier prêt à l'offrir des solutions au moindre besoin ? Non je ne crois pas. De par notre **nature pécheresse** nous le prendrions certainement pour offense et risquions de braquer nos cœurs dans la **colère**. Ce qui serait normal à notre regard et à celui des autres. C'est justement l'impression que nous donnons donc à Dieu. Mais, lui, très **miséricordieux** et bon nous **accueil** chaque fois que nous venons à lui. **Riche en bénédictions**, il nous **accorde les désirs de nos cœurs** sans jamais sombré dans la colère. Car oui il est ce **Dieu riche en bontés et lent à la colère**. Mais que sa colère ne se déchaîne *point sur nous car elle est* **la plus effroyable qui soi***. Rappelons-nous que si Dieu lui-même est* **fâché** *contre nous, plus personne n'aura* **la capacité de nous sauver** *et là nous sommes enclins* **sur le fil de la mort***. C'est pourquoi dans* **notre quête à la vie** *ne perdons pas de vue qui est* **le rédempteur et le pécheur***. Rappelons-nous davantage qui doit sauver qui. Et* **entretenons notre relation avec notre père céleste***. Car celui qui* **recherche** *sa face il l'a lui* **révèle***. Chantons avec allégresse des cantiques en* **son honneur** *et* **méditons sa parole** *car c'est elle qui* **nous rend libre** *et qui* **nous affranchis***.*

4e Partie : À L'EXCELLENCE

Un jour j'ai **lu un livre** où il y avait marqué à l'intérieur : « La richesse naît du déclic ». Au fond qu'est-ce que **le déclic** si ce n'est de nouveau **constatations**. Qui nous ramène de nouveau à la première phase de **guérison**. Haha déclic ! Ce terme **m'épata encore et encore**. Je me **demandai** lequel de ces mots avait le plus de **valeur**. La valeur d'une chose provient du **regard**. C'est de la **façon** dont tu regardes une chose qu'elle a de valeur pour toi. Soudain je me convaincue que c'était **la richesse** le Mac * entre ces mots. Car pour moi c'était la richesse qui m'importait. Et d'ailleurs je lisais ce livre pour **découvrir** quelques **secrets pour gagner de l'argent**. Mes finances étaient au plus bas. J'étais donc **cupide et ignorant**. Cupide parce que **j'adorais** l'argent et ignorant que c'est de Dieu que venait cet argent. Avec du recul des années après je me remets à **penser à ce dicton** et **m'empressèrent** de découvrir celui possédant le plus de valeur. Et là **"déclic"** à nouveau qui **m'épatèrent**. Je pris mon temps à nouveau pour comprendre. Déclic ! Hum ce terme. **Je compris** qu'il n'y avait jamais eu de mot dans cette phrase **possédant** le plus de valeur. Je compris que :**"du déclic naît la richesse"**. Tout simplement, **"la richesse provient du déclic"**. S'il n'y a rien **là à l'intérieur** qui nous donne ce déclic ; c'est mal. **Ayons cet esprit de déclic là**. De vouloir que ça change à tous moments. Et savoir en lui-même que **déclic égal à constatation**, ne peut qu'être **gratifiant**. Car reflétant de nouveau un **passage à la guérison**. Ce moment là où l'on **réalise** ; qu'on devait rater sa vie par exemple. Ce moment où tu **constates** et que tu as envie de **remédier à la situation**. Pour ma part, j'avais constaté que **j'avançais sur un sillage** qui allait me faire **raté ma vie**. C'était mon déclic. **"Je suis prêt à devenir riche maintenant me disais-je"**. Et là me vinrent cette **idée géniale d'écrire un livre**. Un livre sur quoi me demandais-je ? Un livre sur toi me révélait **le Saint-Esprit**. Un livre sur ta vie Mélo. **Un livre qui t'aiderai à t'exprimer**. Et par-dessus, tes talents. **Un livre où, tu parlerais du bon comme du mauvais dans cette vie**. Cette vie lasse ! Je me voyais désormais comme un **messager de Dieu**. Car, oui je sentais bien à bien égard **sa présence** dans tout ça. **Son esprit**. Je me voyais comme **inspiré** des fois. J'avais enfin l'opportunité de **léguer aux générations futures** l'objet de mon empirisme*. Quelque chose qui provient de **l'esprit**. Un livre ! **Un livre où, nous pourrions lire que la richesse en elle-même n'est pas la quête.** Il n'y a qu'une seule quête : **c'est Dieu**. C'est pourquoi il nous demande de **le rechercher en premier** et ainsi **il nous bénira** en abondance. **Un livre qui aiderait** des milliers de personnes que j'ai heurtés par mon comportement, **comme il m'a aidé**. **C'était claire**, c'était mon déclic. Je ne me demandais plus comment faire ? Ni quoi faire ? **Je le faisais déjà**. J'écrivais mot après mot ma vie et **le reste m'étais révélé**. Je n'avais aucune **notion d'écrivain**. Je ne savais pas comment on écrit **un livre** mais je le faisais quand même. Car pour moi ce n'était pas ça le plus important. **Je voulais juste écrire une nouvelle page de ma vie.** C'était clairement le déclic. Désormais, plus rien ne m'effrayait. **Je ne connaissais plus de doute.** Je savais désormais que je marchais avec mon Dieu et donc **rien ne m'était impossible**. De plus je me rappelai de ce proverbe de chez nous qui dit : « **Impossible n'est pas camerounais** » et un autre de me venir de suite à l'esprit : « Indomptable comme un lion ». Je suis camerounais et donc indomptable. **J'ai la faculté de ne rien tenir pour impossible dans mes gènes.** Je viens du pays de Samuel Eto'o, Manu Dibango, Jean Miché Kankan et tout récemment à mes yeux Aveiro Jess. Qui, tous des gens qui ont **débutés de rien.** Qui, comme moi ont connus **des hauts et des bas** et qui, eux les ont surmontés afin de **réaliser leurs rêves**. Et donc je devais copier l'exemple. **Leur exemple**. Pour réussir moi aussi à mon tour. Pour moi c'était clairement le déclic. Je pensais à ça tous les jours. Je voulais **bien faire ce qu'il y avait à faire** ; dont éviter de rater ma vie. En claire je voulais **réussir ma vie** désormais. Seulement, cette fois ci je ne contemplais plus **ma réussite** en richesse de bien matériels, mais je le voyais également comme **un apport** pour les autres. **Dans ma quête à la vie, je cherchais encore plus la vertu que l'argent.** Car pour moi ce n'était pas réussir le but unanime, mais de **réussir avec les autres**. De réussir pour moi et pour les autres. **De pouvoir partager** l'objet de ma réussite avec les autres. Ma prière

"Seigneur que je ne sois pas ce fort qui opprime le faible ! Que ma réussite ne me serve pas à écraser l'affligé, mais qu'elle le ramène à toi. Qu'il témoigne de son propre coeur que tu m'as béni et qu'il demande autant que j'ai demandé afin qu'il soit lui aussi exaucé et béni. Car toi tu es le Dieu qui accorde fois mille l'objet de nos demandes" Amen ! Le seigneur veut juste que nous lui disions **les desseins de nos cœurs**. Lui qui possède toute chose et qui le possédant en abondance est **disposé à nous les accordés**. C'est simple mais vrai me rassure Mathieu 7 :7 : « Demandez et l'on vous donnera, cherchez et vous trouverez, frappez et l'on vous ouvrira » paroles du seigneur. Et la suite du texte de dire : « En effet, toute personne qui demande reçoit, celui qui recherche trouve et l'on ouvre à celui qui frappe. Qui parmi vous donnera une pierre à son fils, s'il demande du pain ? Ou s'il demande un poisson, lui donnera un serpent ? Si donc mauvais comme vous l'êtes, vous savez donner de bonnes choses à vos enfants, votre père céleste donnera d'autant volontiers de bonnes choses à ceux qui les lui demande. Tout ce que vous voudriez que les hommes fassent pour vous, vous aussi, faites-le de même pour eux, car c'est ce qu'enseigne la loi et les prophètes ». Waouh ! Tout y est dit. **Demander** quoi me disais-je ? Et à qui le demandé ? Et à ma voix intérieure qui de me **répondre** : Mélo c'est de la paix que tu as le plus besoin, cette **paix intérieure** avec ton Dieu et ton esprit, cette paix qui **t'affranchiras et te libérera**. Et tu sais une telle paix c'est Dieu seul qui l'accorde et donc la lui demander n'est que logique. Sinon à qui d'autre ? **Demandons**-lui les désirs de nos cœurs **avec sincérité** et il nous les accordera. Demandons-les-lui davantage **avec conviction** pour qu'il nous les accordes au centuple comme il le dit **dans sa parole**. Car cela ne sert à rien de le faire si nous n'avons pas la conviction en ce que nous demandons et donc pas **la foi**. C'est elle qui **nous guide** au quotidien et **nous révèle** d'ailleurs les choses à demander, des choses qui seront bonnes pour nous et pour les autres et ainsi **agréable à notre seigneur** qui s'empressera de nous les accordés. Car il aura **sondé les désirs**

de notre cœur et aura vu qu'ils sont **bons**. Des fois **la vie** nous brisent, des fois elles nous laissent sans mots. Des fois on se dit qu'elle n'en vaut pas la peine d'être vécue. Des fois elle nous laisse croire qu'on a tout faux. Car en elle-même elle est **une suite de décisions**. Si notre suite de décisions est **logique**, si nous opérons à chaque fois des décisions logiques et donc pensées ; c'est là-même l'essence de la vie : **le discernement du bien et du mal**. Maintenant, si notre suite de décisions n'est pas logique ; cela en lui-même est mal. Car **l'homme dans son essence est doté de cette faculté du discernement du bien et du mal**. Cela induit donc que celui à la suite de décisions **illogiques** le fait donc de manière **consciente**. Il s'entête sur des voies qui ne sont pas siennes et persiste sans jamais **regarder à Dieu**. Et la bible dit à ce propos : « Heureux celui qui ne se condamne pas lui-même par ce qu'il approuve ! » **Romain 14 :22**. Donc, frère apprenons à **prendre de bonnes décisions** à longueur de nos vies, des décisions logiques et pensées. Car c'est là-même le **fondement de nos vies**. Des semaines après, je recommençai à écrire. Dès semaines après je me retrouvais enfin. **Fini les lamentations** Ossanga dit que ça ne me fait pas du bien. **"Il faut que je bosse * et qu'on m'appelle Boss !"** Me disais ma voix intérieure. Et à ma conscience de renchérir : **"Tu le mérite ! Et puis tu sais nombreux sont ceux-là qui croient en toi, qui espèrent en toi ; donc Mec mettons-nous résolument au travail"**. À cet effet, j'arrêtai mes habitudes casanières. Je m'élaborai un **planning journalier** que je m'imposai de respecter et de **suivre à la lettre**. Je constatai que cette façon d'organiser mes journées était **bonne** et m'octroyait des **qualités nouvelles**. J'étais désormais un homme **ordonné**. Qui savait quoi faire et à quel moment le faire. **Rien ne me tombais plus dessus** par hasard. Au contraire c'est moi qui tombais sur **des portes**. Car j'en cognaient beaucoup. **Et bientôt à l'Éternel de m'ouvrir nombreuses d'entre elles.**

5e partie : À L'EXCELLENCE

Cela va d'un geste : **du vouloir se réinsérer**. En effet **le seul sujet qui a le mérite d'être traité** dans cette vie lasse ne réside que dans **le soi**. S'intéresser à son cas particulièrement sans attache à ce qui peut se trouver autour serait donc **la solution** à tous nos maux. Car **l'ennemi de l'homme** est encore plus proche de lui-même et se nomme "**égo**". Ainsi je poursuivis mon empirisme après tant de d'année de rupture avec moi-même et je découvrais que ce qui m'a valu la peine de toute ces souffrances jadis, **résidaient** donc en effet en moi et donc je devais **l'éliminer** au plus vite **pour vivre** enfin ma vie ; cette **vie de paix** que je désirais tant et que **le sauveur s'empressa de m'offrir**. Cristiano Ronaldo : « Nous avons tous une grande histoire à raconter ». À présent je vais vous raconter la mienne, **ma grande histoire.** Un jour alors que je ressens le besoin de **travailler** enfin pour subvenir à mes besoins, je parcours la capitale munie hélas d'un CV peu fourni. Je navigue çà et là dans les structures de la place à la recherche d'un poste de travail qui pourrait me **rapporter** quelques sous à la fin de mon labeur, mais malheureusement sans **succès** je retourne à la maison et je me lasse. Des mois après je retrouve le même **engouement** et je retente le coup seulement cette fois, je n'étais pas prêt pour ce qui allait suivre. Je reconstitue un CV, qui, peu à peu prenait forme avec des **expériences** jusqu'ici composé uniquement de **bénévolat** et je me dirigeais vers ces structures qui me disaient autrefois **« restez sur écoute on vous rappellera »**. Et là, je **débarque** dans un garage où j'avais également fait ma demande et je rencontrais le chef de ce garage qui me demanda de **patienter**. Je passai quelques heures assis **gentiment** à la place proposer par celui-ci, c'est-à-dire sur le **"banc de touche"** ; et là je le vois **sortir** enfin de son bureau et au lieu de se diriger vers moi à ma grande **surprise** se dirigea plutôt vers son véhicule et s'empressèrent de le démarrer et de **s'en aller**. Je poursuivis mes efforts de patienter jusqu'à ce moment où une **idée brillante** surgit de ma tête et **me dirigea** vers un des employés. Je lui demandai gentiment : **"grand il y a-t-il un balai ici** ?" et à celui-ci de me répondre d'un air stupéfait : **« tu veux balayer le garage** ? ». À cet instant précis je su que **mon projet allait fonctionner** et à moi de lui répondre **"Oui grand je cherche du travail et je déteste être planté là à ne rien faire"**. À la seconde d'après nous nous lancions à la recherche de mon **outil de travail** qui se trouvait juste sous mon nez ; je le ramassai et je me mis de suite au travail. Pendant ce temps-là, je suivais comment le **silence** de mon geste faisait **écho** au milieu de l'assistance. Ils étaient tous choqués. Choqués de voir un Mec à la parure **majestueuse** perpétré ce genre d'acte et je gagnais au passage leur plus grand **respect**. Au retour du patron, il fit directement la **remarque** à l'un d'entre eux d'observer comment le garage était **rayonnant** ; et à celui-ci de lui dire en langue vernaculaire « **c'est le petit qui est venu demander du travail tout à l'heure qui l'a fait et pas moi** ». Quelques instants après, aux environs de l'heure de pause une maman débarque avec à manger dans le garage. **Dans ma poche**, deux pièces d'une valeur nette de **150francs**. Alors que tout le monde passe sa commande, **incapable** de faire de même, je regagnai ma place c'est à dire sur le "**banc de touche**". Et là à l'Éternel **d'agir** et de me faire découvrir **les bénéfices de mon travail**. Mais qui vois je venir là ? C'est le **patron** lui-même. Qui d'un air **soucieux**, me demande si j'aimerais lui faire **honneur** d'accepter ce plat et à moi de lui répondre "**bien-sûr**". Après quoi, il rajouta : « après ton régal je te convie à mon bureau ». À la suite de son propos, voilà un autre **employé** qui se ramène pour **s'enquérir** également de mon **bien être** et découvre que je mangeais déjà. Ne pouvant s'arrêter d'aussi bon chemin me répliqua : « ton geste de tout à l'heure nous a beaucoup touchés. Ça se voit que t'es quelqu'un de bien qui va aller très loin ». Et à moi de le **remercier** de ces paroles motivantes. Après m'être **régalé à ma faim**, je gagnais enfin le bureau du Boss. À mon **entrée**, il me fit asseoir et me fit d'emblée les **éloges** de mon acte de **bravoure** que j'avais perpétré dans l'enceinte de sa modeste structure et me demandais comment est-ce qu'il pourrait me **rendre la pareille** et je lui dis que je suis un **étudiant** de la capitale à la recherche d'un **emploi** qui pourrait m'aider à **combler mes besoins** de déplacement pour l'Université et j'en passe. De suite, à mon plus grand **bonheur**, il dit qu'il était sur le point d'ouvrir une nouvelle agence de voyage dans la place et que je pourrais faire **mes débuts** au sein de l'entreprise comme **guichetier** et qu'avec le temps à la suite de mon bon travail je pourrais être promu dans des sphères plus **élevés** de la structure. Je le remerciais pour son **offre** et le promis de demeurer **exemplaire**. À la suite de quoi, je reboursai chemin et je racontais tout à ma **mère** qui me prodigua ce conseil : « l'humilité précède la gloire » et me disais combien elle était **grandement fière de moi**. Ce moment **changea** à tous jamais ma vie. Désormais **je ne doutais plus** de mes capacités aussi énormes qu'elles pouvaient êtres je savais qu'il n'y avait qu'à **bien faire ce que je savais faire** et que de suite je *serai remarqué même dans la mêlée la plus* **immense**. *Serait-ce donc là le secret de mon* **excellence** *?" **Bien faire ce qu'il y a à faire ?"** Haha mélo tu* **m'étonnes**. *Quel progrès ! Mon conseil aux* **générations futures** *? « No human is limited » comme pour parler à la façon d'Eliud Kipchogue pour dire qu'***aucun homme n'est limité** *il faut juste aller au bout de ses* **incertitudes** *pour trouver ses* **certitudes**. *Pratiquer cette belle œuvre empirique qu'est la vie* **sans à priori** *car d'aucun diront : « tout chemin mène à Rome » et d'autres, qui de surenchérir : « dans la vie on ne sait jamais ». Toujours est-il que pour mener à bien* **l'objet de notre vie** *il faut être disposé à* **écouter**. *Écouter quand viendra le moment pour nous* **d'écouter**. *Écouter d'une* **ouï attentive** *quand viendra le moment pour notre Dieu de nous parler ; écouter,* **écouter vraiment,** *car* **dans la vie on ne sait jamais**. *Je poursuivis mon empirisme, je tombais sur des* **personnalités diverses**. *Ceux qui* **m'enseignaient** *la vie en me disant : « mon fils tout viens à point nommé à celui qui sait attendre » ; comme pour me dire que* **la patience fini toujours par être récompensé** *et d'autres qui me* **disaient** *: « la vie appartient à ceux qui se lèvent tôt ». Tout ceci pour me* **signifier** *que : « aux âmes bien nés la valeur n'attend pas le nombre d'années » ; comme pour me remémorer* **les paroles d'éveil** *de ma mère. Toutefois, je tombais également sur des* **gens de mauvaise foi**, *sur des* **éternels râleurs**, *qui, en dépit de ma* **solide éducation** *essayèrent de me priver de* **l'objet de ma foi** *en me disant : « Dieu est mort » et à d'autres d'essayer de* **m'ébranlé de nouveau** *: « il te faut un leader spirituel ». Haha ! Je regardais tous ces pauvres gens* **parler sans mots** *et dans mon cœur je* **priais** *pour leurs* **âmes**. *Car comme eux,* **autrefois j'étais égaré moi aussi loin de la face de mon sauveur**. *Je vous en supplie chères* **brebis errantes** *du seigneur* **revenez au père qui pardonne tout**. *Regardez comme il m'a fait le* **plus grand bien** *à moi. À moi ?* **Moi** *? Qui dans* **la dérive** *déjà à gauche réussissait à trouver* **la gauche de la gauche** *? Haha c'est que cette* **belle œuvre de paix** *est aussi la vôtre et je puis vous garantir qu'elle sera également* **votre partage** *si vous vous* **approchez** *de sa* tante. **Hâte-toi de venir le seigneur t'appelle !** Vous savez, le Dieu d'en haut n'est pas là pour **les justes** car d'ailleurs la terre n'en contient pas vous savez. Alors frère marchons **ensemble**, prenons **courage** et accédons à cette œuvre d'excellence qu'est : **"la vie éternelle"**. Vous savez d'aucun pour nous décourager pourrons dire : « l'excellence n'est pas de ce monde » et à nous de rétorqué : **"c'est vrai. Alors nous, nous ne vivons plus dans ce monde dans ce cas"**. Car nous, c'est la **nouvelle Jérusalem** * qui nous attrait et donc vers quoi nous tendons et plus vers **les choses de la terre** *. Qui, si j'en crois à l'expérience ne coûte que « **deux deux cents** » comme pour parler à la manière de ce vendeur ambulant que je suivi dire un jour dans un marché de la capitale. Nous, nous tendons vers des choses encore plus élevés que celles de ce **passé monde**. Bien aimé l'œuvre à laquelle nous avons été **convié** est la plus belle qui soit : **servir**. Mais servir qui je m'interroge ? Servir le plus grand d'entre tous les maîtres ; le plus fidèle des bergers ; **servir Dieu** tout simplement. Et à ma voix intérieure de me demander, "comment ?". En nous **revêtant de ses caractères** tel qu'il nous enseigne dans sa parole plus exactement au verset 22 du chapitre 5 du livre de Galates en ces mots : « Mais le fruit de l'Esprit, c'est l'amour, la joie, la paix, la patience, la bonté, la bénignité, la fidélité, la douceur, la tempérance ». Et ce cantique de me rappeler : « Aimer, oui, c'est régner ! On est roi quand on aime, Car rien ne se dérobe à ce charme suprême. L'amour est le sceptre du ciel. Amour, tel est l'emblème Inscrit sur l'étendard du Prince Emmanuel ! Aimer, dès ici-bas, du pur amour des anges, C'est rendre au Créateur son tribut de louanges ; C'est mêler sa voix aux concerts Des célestes phalanges, C'est accepter la loi qui régit l'univers. Aimer, c'est pénétrer d'insondables abîmes, Elever sa pensée à des hauteurs sublimes, Bien plus haut que l'aigle royal Des lumineuses cimes, Atteindre l'infini, conquérir l'idéal. Aimer, c'est cultiver en soi la fleur cachée Au suave parfum que nul vent n'a séché, Et c'est la perle qu'on chérit, Que d'autres ont cherchée. L'amour est la rose exquise de l'Esprit. Dans l'amour, c'est le joug qui devient moins pénible, Rien n'est trop rigoureux, et rien n'est impossible. Par lui le sacrifice est doux, La victoire accessible. Ô frères, pour lutter et pour vaincre, aimons-nous ! » Hymnes et Louanges 147. De plus, **gardons à l'esprit** que nous sommes **étrangers** sur cette **terre lasse** et donc juste de **passage** vers une **terre nouvelle**. Car bientôt, sur le **céleste rivage,** j'entrevois la **céleste cité** avec à la droite du **Père, l'agneau** qui fut autrefois **immolé** pour nos **péchés**. De jour en jour, **ma foi se renforçait** je savais désormais en qui j'avais fait mon **serment de fidélité** ; celui-là qui, dans **l'abîme profond** où je me trouvais autrefois, **vint et me secourus**. Au reste, frère, en toute chose **soyons patient et confiant en notre Dieu**. « C'est lui qui a inspiré cette œuvre et qui l'a mènera jusqu'au bout » me rappelle ce titre **puissant** de Dina Mwana. Alors, seigneur, **maintenant** souffle sur nos pays, envahi nos villages, viens toucher nos familles et que bientôt ces pauvres **cœurs arides** deviennent ta **possession** afin que toi seul tu en dispose et daigne bien vouloir les **transformer** en quelques œuvres de **paix ; d'amour et de charité**. Et là, père, mets-nous **résolument** à ton service car c'est en ça que nous avons été **appelés** et que nous **répondons fidèlement** dès aujourd'hui jusqu'à l'éternité. **"Mon Dieu toi qui est capable de transformer une voie tortueuse en un sentier aplani, viens et transforme cette brebis errante que je fus autrefois dans le désert loin de tes verts pâturages en grand pasteur de tes brebis ; moi qui dispersait autrefois en rassembleur aujourd'hui. De sortes qu'en ta moisson ô Éternel je trouve bonheur !".** Tel fut **ma prière pour l'éternité**. Frère ! **L'excellence** n'est pas un acquis mais une **quête perpétuelle**. Un **renouvellement constant** de nos capacités, une **consolidation certaines** de nos valeurs acquises. Une **application à bien faire ce qu'il y a à faire**. Bien faire ce qu'il y a à faire serai donc le **thème central** de cette œuvre. **S'appliquer soigneusement à bien faire ce que nous savons faire serai donc le secret de l'excellence.** Car oui si nous pratiquons la même œuvre tous les jours avec **tact et diligence** il est certain qu'au bout d'un moment nous en deviendront des **érudits** * en la matière. Cela signifie donc que : **tous autant que nous sommes sont excellents, il suffit juste de se permettre de le découvrir.** Eh oui l'excellence **réside** également dans la **conviction** bien aimé. Se **persuader** que nous sommes excellents ne nous attirera que vers les **sentiers l'excellence**. **Tout réside en effet dans la façon de voir les choses**. D'aucuns **pensent** qu'ils sont moins bon ce qui les **conduit** malheureusement vers ce chemin de **décrépitude** * qui consiste à **perdre toutes les qualités** qu'ils ont acquis hier au détriment de celles **moins bonne souhaité** aujourd'hui et d'autres qui **demeurent** dans la foi diront : **"c'est moi le meilleur"** et instantanément s'en iront vers les **voies de leur succès**. Toutefois éviter tout jugement est **la clé de l'excellence**. Car ceux-ci **altèrent** notre faculté à **percevoir** l'excellence qui est en nous, pour ne laisser place qu'à la douleur de notre **fardeau incessant**. Pour ma part, j'avais **fait le choix** de le déposer au pied de la croix où je rencontrais **Jésus** ; il me tendit sa **puissante main** et je décidai de ne plus jamais m'en séparer car j'avais trouvé là l'objet de mon excellence : **"la paix"**. Avec elle nous sommes capables de bien de choses auxquelles nous ne nous attendions pas, **elle nous ravit l'esprit et on se sent libre de tout désemparement précédent**. Elle nous révèle excellent et nous nous découvrons excellent de jour en jour. Elle nous offre la capacité de nous mouvoir aux myriades d'horizons de notre esprit et permet de faire des allers et retours régulier au plus profond de notre âme sans jamais attiser la douleur de notre passé teinté de violence. Moi, j'avais demandé **la paix** à mon Dieu et il me l'accorda **et vous que demanderiez-vous ?** À l'instar du roi Salomon demandons lui la **sagesse** par-dessus tout car voilà une chose **agréable à Dieu**. Au lieu de nous lancer dans une course **effrénée** * vers des choses **vaniteuses** comme l'argent et le pouvoir, **rendons lui grâce en faisant appel à son amour et à sa sagesse infinie** car elle est encore plus grande que l'objet de nos pensées à tous réunis. Au demeurant, **l'Éternel nous aimes.** C'est le **message d'amour** qu'il m'a chargé de nous délivrés en ces quelques mots utiles pour **guérir tout esprit froissé** comme *il m'a guéri. Ne tardons plus amis ! car bientôt il vient :* ***le prince de paix.*** *Et il ceindra nos fronts d'avec ceux des impies et nous aurons la* ***victoire****. Au reste, frères, suivant ce conseil de l'apôtre Paul,* ***que notre vie soit motivé par tout ce qui est vrai, tout ce qui est honorable, tout ce qui est juste, tout ce qui est pur, tout ce qui est aimable, tout ce qui mérite l'approbation, ce qui est vertueux et digne de louange, soit l'objet de nos pensées.*** *Ce que nous avons appris, reçu et entendu de moi, et ce que nous avons vu en moi, pratiquons-le. Et le* ***Dieu de paix sera avec nous****. Que la grâce du Seigneur Jésus soit avec tous ! Amen. Un frère, un ami.*

6eme partie : À L'EXCELLENCE

"À ta plume Mélo ! Ainsi parle l'Éternel, raconte donc à mon peuple les bonnes œuvres de l'Éternel Jéhovah ton Dieu. Lui qui te fit bonheur en toutes choses : C'est comme c'est là que ça doit être. Ce Mec zen que tu es, à t'entendre proclamer ton identité. Toujours avec des expressions à l'affût pour nous ; toujours une pour nous. L'œuvre de l'Éternel t'as t'elle ravie ? "

7eme partie : À L'EXCELLENCE

« Évidemment, l'ennemi en face de nous on perd sommeil » Section d'assaut. Je n'ai plus rien à faire là-dedans me disais-je, **demeurons donc à notre but Mélo**. Ma foi me demandait" pourquoi tu Plain le Mal ?" **Parce qu'il s'est moqué de moi en public. Il a concédé ma sagesse pour faiblesse**. Je vais donc à mon seigneur. Lui qui me fit grâce en toute chose. "**La Tchat raconte donc ! Raconte à mon peuple les œuvres de son maître**". Après avoir tout compris ceci, je **quittais** mon boulot de guichetier. Je me rendais à **l'œuvre de l'Éternel**. "Fini plus jamais je ne travaillerai pour un autre maître ; j'ai eu ma dose. Plus jamais je ne retournerai ma veste. J'ai du **talent pour le Christ**. C'est donc là **ma vie**". Je rangeais ma couche, je compris qu'on était en **conflit** et donc je devais prendre la **fuite**. Et à la seconde d'après où je le compris, nous prîmes donc la fuite. Même pas un **Goodbye** * me disais-je le mal n'en mérite pas. "**Racontons donc ces œuvres de paix ! Que mon peuple agréé tant**". Je rebâtis ma chambre" **mon bureau**". **Ailleurs** je ne cherchais plus du travail, **ici** était mon travail. **Écrire** mon travail ; son **œuvre**. L'œuvre de ses mains. Je m'attelais à **bien faire** mon travail : **Édifié le peuple de l'Éternel**. Oui nous sommes **ici** mais nombre est encore **là-bas**. Cherchons-les donc ! Ces pauvres brebis, **le seigneur a besoin d'elles**. **Suscitons**-en elles ces œuvres de **charité** qui déborde en nous et se rattache au sien. Il ne saurait nous manquer. Il est **bon et compatissant**. Et épris de compassion, nous dit :" **il n'est de péché impardonnable à la face du seigneur, crois donc et tu seras sauvé Mélo**". Je pris mon seigneur en main et je signais là **mon engagement** à la lettre. Car **l'artiste** c'est donc ça : **son engagement**. "**Mélo la Tchat et donc l'artiste ; artiste des mots. Témoigne donc au peuple l'œuvre de sa miséricorde, lui qui nous fit ce don. Ce dont on possède. L'art du Méli et du mélo.**" À mes plus **belles lettres** qu'à l'Éternel. Plus jamais pour un autre, car il a **blessé ma cause**. À Jésus je dis, "dit un mot et ma vie va changer". Et mon seigneur qui de me répondre dit :" **Non Mélo tu ne vas rater ta vie. Parce que tu as su écouter le conseil d'un père aimant, qui ne saurait en toute chose nous**

demeuré fidèle." C'était la **répression** totale. Une répression foudroyante des **œuvres du mal** dans ma vie. Et bientôt je me **débarrassais** de celles-ci, pour **arboré** la tunique sainte de mon maître. Je me libérais de mon **voile** jadis au profit de ma **couronne** ; ma couronne de paix. Je regardais tout autour de moi et me disais "Mais en voilà là un bureau des plus **pasteurisé** * ! Le meilleur de la capitale." Tel un **tracé** simple à mes yeux, je savais qu'il n'y avait qu'à **bien faire** mon travail ; **ce que j'aime**. Ce pourquoi j'ai donné **ma vie**. L'objet de ma plus grande **allégresse**. J'écrivais là ces mots, et bientôt à **l'Éternel** de les révélé à la face de son peuple. J'étais **persuadé** qu'ils s'y agréeraient. C'était donc là **l'œuvre de ma foi**. **Sans égo** je me laissais **mener** par mon Dieu, ma **corne** était vaincue. Je m'apercevais que mon cœur **agréait** et donc était **bon**. L'Éternel avait retiré **l'intelligence du monde** pour laisser place à sa plus grande **sagesse**. Ce don qui se révèle quand on **fuit** le mal et **échappe** à son joug*; ce **joug mortelle** qui en viendrai à séparer le père du fils. **Chose inconcevable car le fils vient du père et le père est le fils**. Détrompons-nous, on ne peut **servir** deux maître à la fois,1000 dieux à la fois. Cela est **impossible** car dans ce jeu il n'y a pas de **neutralité**. C'est le camp **d'ici** ou le camp d'en **face** ; le camp des **vainqueurs** ou celui des **vaincus**. Là est donc la réelle **vérité** et donc **la volonté de Dieu de nous accueillir sous sa tante, là où fait bon vivre. À ses Cimes, là où fait beau lieu**. Mes amis revalorisons-nous. **L'œuvre de l'Éternel est belle et grande**. Elle est **vainqueur**. **Elle a vaincu le tentateur** qui était en nous et nous accorde **victoire**. Son **voile** est tombé et bientôt les **décombres** s'allongent. Tous aussi **macabre** * les uns que les autres. C'était donc ça le fruit du péché : la **mort** ! M'exclamais-je. **"Alors je n'en consommerais plus de ce fruit-là. À la source de vie je m'en vais."** Je me débarrassai des **vestiges** de mon ancienne activité. Je les radiais loin vers leurs **origines**. Car bientôt le seigneur m'avait fait **don de vie** et je devais **bâtir son temple**. Pour y **adoré** avec ma personne **mon Dieu**. La personne que je suis devenu aujourd'hui **l'œuvre de ses mains et donc lui**. Désormais, ses verts pâturages me faisaient **planer** plus haut à la rencontre de mon sauveur. Je m'apercevais que **je courrais droit au but et je prenais davantage courage**. **Car sa voie est la lumière et la vie**. Adieu aux faux manques inutiles. Adieu à la jeunesse **dépourvu de sagesse** que le tentateur veut **leurrer sans cesse** loin du vrai bonheur comme lui. Adieu à la terre et son péché. Car encore plus haut vers le ciel je m'en vais donc à la rencontre de mon seigneur. **Oui ! Pour ramener à lui sa brebis jadis égaré que rien ici-bas ne saurait retenir davantage de sa main puissante.**

CONCLUSION

« Je suis venu comme une lumière dans le monde, afin que quiconque croit en moi ne demeure pas dans les ténèbres » jean 12 :46. Ce monde est sombre comme la nuit ; Jésus est venu afin que, par **la foi et l'obéissance**, nous ne demeurerions pas plus longtemps dans cette obscurité qui couvre l'humanité, mais pour que nous ayons la lumière. Le mot **« quiconque »** est un terme vaste qui comprend tout le monde vous, moi. Si nous suivons Jésus, nous ne serons plus assis dans les ténèbres de l'ombre de la mort ; nous entrerons dans la chaude lumière d'un jour qui n'aura pas de fin. **Ne voulez-vous pas venir dès maintenant à cette lumière bénie ?** Un nuage peut nous couvrir momentanément, mais nous ne demeurons pas dans les ténèbres si nous croyons en Jésus. Il apporte la pleine lumière du jour. **Serait-ce en vain ?** Si nous avons la foi, nous avons le soleil. **Jésus est venu pour nous faire sortir de de la nuit de l'ignorance, du doute, du désespoir, du péché, de la crainte** ; et quiconque le suit connaîtra que ce n'est pas en vain que le soleil de juste s'est levé et qu'il projette ses rayons chauds et brillants. **Secoue ton accablement, mon frère**, et ne demeure plus dans la dérive mais viens à l'excellence, **Jésus Christ sera ton espérance, ta joie, ta vie, ton ciel**. Regarde à lui, lui seul et tu te réjouiras comme les oiseaux au soleil et les anges devant son trône. Seulement deux minutes avec toi seigneur. Ce matin je n'ai pas le temps de t'en donner davantage mais je ne veux pas commencer la journée sans toi. Sans doute préfèrerions nous, l'un et l'autre, être moins bousculés, mais c'est ainsi et nous ferons en sorte que ce soit bien ainsi. En deux minutes, on a le temps de se dire **« je t'aime »**, on a le temps de comprendre qu'il ne faut pas accaparer l'être aimé mais le laisser partir, par amour pour lui. On a le temps de se préparer à tout ce que la journée nous réserve, se préparer à la vivre ensemble, même en étant séparés. Bonne journée, seigneur, manifeste toi auprès de ceux que je vais rencontrer afin que je puisse voir ton sourire ou tes larmes sur leur visage ; ainsi nous aurons l'impression de ne nous être jamais quittés. Amen !" Un frère, un ami.

GLOSSAIRE

- *Mec*: bonhomme, personage*
- *Jambo*: jeux de hasard*
- *Leitmotiv* : phrase qui revient à plusieurs reprises. Refrain, rengaine, thème.*
- *Bosse*: travail*
- *Pasteurisé*: propre, saint; epurer*
- *Erudits* : qui a de vastes connaissances. Savant, cultivé, instruit, lettré*
- *Goodbye* : au revoir*
- *Décrépitude* : déchéance, décadence*
- *Effrénée* : qui es sans retenue, sans mesure. Démesuré, immodéré, sans fin.*
- *Joug* : contrainte matérielle ou morale. Dépendance, domination ; esclavage ; asservissement, astreinte.*
- *Macabre* : qui évoque la mort. Funèbre, lugubre, sinistre, sombre, triste.*
- *Jadis* : dans le temps passé, il y'a longtemps. Autrefois*
- *Mac* : taulier, pilier*
- *Nouvelle Jérusalem* : terre nouvelle où vivra Dieu et les élus après le retour du seigneur Jésus-Christ*
- *Choses de la terre* : bien matérielle de toute nature*

EDIFIONS-NOUS

* édifions-nous

Mais cher lecteur, que veux-tu savoir ?

Il y'a des esclaves et des rois.

Dans la vie il faut faire le premier pas

Découvrir sa voie,

Faire don de soi.

C'est l'honneur que la patrie reçoit.

Oui la vie c'est ça !

Pas besoin de changer de rôle,

Celui-là est mon rôle.

Edifié mon monde par sa parole.

Dire à tout ce beau monde qu'il est foi et en lui confesse ses faiblesses.

Tant de certitudes pour temps d'incertitudes.

La promesse est devenu habitude

On s'abuse sans jamais s'excuser

Mais qui peut m'expliquer ?

On a tous hérités.

Que vais-je léguer ?

Tout ce qui m'a été confié

Voir la nation prospérée

C'est la cause à laquelle je me suis rallié

Impossible d'en dérivé.

Je suis le mec pour motiver la mêlée !

Accroche-toi, il faut résister.

Le péché a surabonder,

Et désormais n'assure que les voies de l'épée.

Mon rôle ?

Edifié !

Edifié le peuple qui jadis m'a blessé

Car toujours je ne peux me sentir oppressé

Le christ m'a racheté

Je dis donc liberté.

Mon œuvre pour celui qui m'a créé,

Et aussi pour celui que j'ai offensé

Personne ne m'a forcé

Alors je dis la vérité

Ah j'ai failli rater ma vie c'est validé.

Qui peut nous expliquer ?

**édifions-nous*

Non ça ne commence pas comme ça et ça ne finit pas comme ça ! que croyais tu, que la vie est long fleuve paisible ou coule bonheur et miel à volonté ? Ou tu croyais que les valeurs partagées sont universellement rattachées ? Non ce n'est pas le cas. Chacun nait unique ! C'est la seule donne universelle. C'est pourquoi à ta naissance tes parents te gratifient d'un nom et de jolies prénoms : John, Hélène, Paul, Issa, Marc, Victorine, Jean Prosper, Michel, Emeraude. Histoire de t'identifier personnellement ; choisir l'œuvre à laquelle nous voulons participer et donc s'identifier. Pour comprendre ce qu'est la vie il est important de se plonger dans son origine. Oui évidemment ! Alors d'où nous vient-elle ? Mieux encore quel est son origine ? Les réponses dans ce cas sont multiples et variées. Pour les scientifiques, la vie est apparue sur terre il y'a environ 4 milliards d'années, soit peu de temps après la formation de notre planète, il y'a environ 4,54 milliards d'années à la suite du fameux bigbang. C'est ce qu'ils appellent alors « la génération spontanée ». Comme pour dire qu'elle est apparu d'un mouvement ex-nihilo. Pour les chrétiens, la vie n'est nulle autre qu'une création du seigneur. En effet, celle-ci apparait pour la première fois lors du processus de création entrepris par Dieu plus exactement au 6e jour de création. Genèse1 :26-27 « Puis Dieu dit : Faisons l'homme à notre image, selon notre ressemblance, et qu'il domine sur les poissons de la mer, sur les oiseaux du ciel, sur le bétail, sur toute la terre, et sur tout les reptiles qui rampent sur la terre. Dieu créa l'homme à son image, il le créa à l'image de Dieu, il créa l'homme et la femme ». Nous comprenons donc que nous sommes son œuvre ; l'œuvre de ses mains et donc parfaite en lui. Retenons que c'est en le monde que nous nous trouvons imparfait et non à ses yeux. La vie, la vie, la vie. Gandhi disait à ce sujet : « la vie est un mystère qu'il faut vivre et non un problème à résoudre » et Einstein de renchérir : « la vie c'est comme une bicyclette il faut avancer pour ne pas perdre l'équilibre ». Et ce proverbe turc qui de me venir à l'esprit, me rappelle : « la vie est un voyage où les provisions sont les bonnes œuvres ». En claire, la vie c'est ça : avancer ; ne jamais rien lâché. Il ne faut jamais baisser les bras me rappelle les conseils de mon père. Alors, si la vie c'est toujours avancer, il vaut mieux donc pour nous de se paré de bonnes œuvres. Et cela s'opère à travers nos choix. Car la vie c'est aussi ça : les choix que nous opérons. Ces choix ont des répercussions à court, à moyen et à long terme dans notre existence. En effet, ce sont nos choix de maintenant qui détermineront notre avenir. Illustrons, si nous nous prêtons aux jeux de hasard maintenant, la suite logique est que nous deviendront un parieur compulsif avec le temps nous entrainant ainsi dans une addiction aux jeux terrible qui nous conduira tout droit vers la dépression. Donc à cet effet retenons que nos choix sont des plus déterminant dans le processus de vie. Comme second exemple, évoquons le cas du fumeur. Eh oui personne ne nait fumeur mais on le devient. Posez la question à l'un d'eux et il vous dira. D'abord on commence par essayer sans se considérer fumeur pour autant. Puis on s'adapte à un rythme singulier de consommation, à la suite de quoi on commence à se doter de raisons pour avancer : « c'est juste un bâton rien de mal, c'est juste pour s'éclater entre amis t'inquiètes, je ne suis pas un fumeur je le fais juste pour le fun ». Et là c'est le début du cauchemar. Car oui se prêter au jeu de la fumée est l'un des plus dangereux qui nous use avec l'ère du temps. En effet, l'appétit grandi en nous au fur et à mesure que nous consommons et là la dose que nous consommions hier ne fait plus effet aujourd'hui. C'est la suite du calvaire, nous sommes enclin à une addiction sévère qui n'a qu'une seule issue :la dépression. Vous comprenez donc que le poids de nos choix est lourd. Et donc pour le mieux il faut en faire de bons. Alors de ce fait, nous pouvons toujours compter sur l'aide de notre Dieu. Car oui il est là pour tous ceux qui l'invoquent et sollicitent son aide, lui le Dieu miséricordieux disons lui toutes nos craintes avec patience et sérénité. Disons-nous que si nous avons la vie c'est pour un but et c'est ce but que nous devons nous empresser de découvrir chacun autant que nous sommes pour vivre une vie épanouie. Et une fois de plus pour découvrir ce but au milieu de notre multitude de talent, rien de mieux que de se confier en l'Eternel ; lui le créateur de la vie, saura toujours répondre à nos besoins. La vie c'est ça : des moments de doutes prolongé, des moments de rire à en pleurer, des moments de larmes et de détresse. Mais ne jamais abandonner, car c'est encore au plus fort du combat quand tu sens tes forces te lâcher que l'Eternel sera alors prompt à te soutenir. Essaie de faire de ton mieux à chaque seconde. Et à la seconde d'après dès que tu sens-là tes forces t'abandonner ne résiste point au fidèle appel de ton berger qui dit : « le seigneur a besoin de toi » ; et accourt s'y davantage avec conviction car il t'a déjà même sauvé. Ne focalise pas ton esprit vers des buts vaniteux, car nous notre port est au ciel et c'est dans son sein que je vois aboutir tous mes pas. Sois honnête et marche avec ton Dieu. Il t'a choisi pour sa moisson, au grand combien elle est grande et a besoin de toi. Là dit-il, viens, car elle est là l'œuvre de l'excellence, de ton excellence. Et je réponds fidèlement oui seigneur ta bannière par ma foi flottera toujours plus haut que les cieux car c'est donc là ma patrie. La patrie éternelle. Que sa grâce soit notre partage. Amen !

*édifions-nous

Psaumes 128 :5« l'Eternel te bénira de Sion, et tu verras le bonheur de Jérusalem tous les jours de ta vie ; ». Cette promesse est pour celui qui craint Dieu et marche avec sérieux dans la voie de la sainteté. Il aura la bénédiction. Sa postérité sera pour lui une source de grand bonheur intérieur. Car il met autant d'intérêt à la chose du seigneur qu'à la sienne propre. Quand l'Eternel affermit notre maison il est juste que nous désirions voir sa maison s'édifier. Nos biens ne sont des biens que s'ils servent à accroitre le bien de sa maison. Oui, vous serez bénis quand vous monterez à l'assemblée de Sion ; vous serez instruits, vivifiés, enrichis, quand vos louanges et vos prières s'élèveront, et que témoignage sera rendu au grand sacrifice. Alors « l'Eternel te bénira de Sion ». Vous ne serez pas seuls à en bénéficier ; la patrie elle-même en profitera ; les croyants se multiplieront et leur travail sacré sera couronné de succès. Plusieurs des bien-aimés de Dieu voient cette promesse s'accomplir pour eux durant leur vie entière. Hélas, souvent après leur mort, le zèle commence à fléchir. Soyons de ceux qui apportent des biens à Jérusalem tous les jours. Par ta grâce seigneur, rends-nous-en capables. Amen.

*édifions-nous

Psaumes 51 :14 « Rend-moi la joie de ton salut, et qu'un esprit de bonne volonté me soutienne ! ». « Je me pose cette question de savoir si vraiment j'ai en moi la joie du salut ». Cette réflexion d'une amie chrétienne m'a interpellé. Pour le psalmiste David, après avoir commis adultère et camouflé le meurtre du mari trompé, il est clair que sa conscience devait limiter toute joie profonde. Il en est ainsi pour tout croyant menant une double vie. Mais il se pourrait que bien d'autres facteurs étouffent cette joie légitime. Une éducation chrétienne rigide, légaliste. Des circonstances douloureuses, un environnement défavorable, des angoisses liées à un parcours de vie traumatisant. Ou simplement une surcharge de travail, le manque de repos ou le fait de négliger un ressourcement sain à travers une nourriture spirituelle bienfaisante ! Jésus affirme que la découverte de son immense amour pour chacun de ses enfants, associée à une communication authentique avec lui, produira dans le cœur la joie du salut. Qu'est-ce qui m'empêcherait de vivre cette dimension de l'Evangile ? En quoi pourrions-nous sincèrement remercier Dieu maintenant même, en relation avec ce si grand salut ? David, après avoir reconnu ses égarements, s'écria : annonce-moi la félicité et la joie, et les os que tu as brisés seront dans l'allégresse. Que son expérience soit source d'inspiration profonde et réjouissante à salut ! Seigneur, continue à me bousculer, pour que je ne puisse pas m'installer. Et prends patience avec ton serviteur, pour qu'il ne se lasse pas de servir. Amen.

*édifions-nous

Jacques 1 :25 « Mais celui qui aura plongé les regards dans la loi parfaite, la loi de la liberté, et qui aura persévéré, n'étant pas un auditeur oublieux, mais se mettant à l'œuvre, celui-là sera heureux dans son activité ». C'est en plongeant leurs regards vers cette loi de liberté, que les prophètes, ont découvert que le salut est gratuit, il est le don de Dieu offert à tous ceux qui croient au sacrifice parfait de christ. En plongeant leurs regards dans la parole, ils ont pu proclamer avec force : « le juste vivra par la foi » ; quelle merveilleuse libération ! C'est en plongeant leurs regards dans la parole qu'ils virent la manifestation des dons du Saint-Esprit dans leurs vies. Seigneur, je te remercie pour ta précieuse parole. A toi soient le règne, la puissance et la gloire, amen !

*édifions-nous

Jérémie 29 :7 « Recherchez le bien de la ville où je vous ai menés en captivité, et priez l'Eternel en sa faveur, parce que votre bonheur dépend du sien ». L'invitation contenue dans ce texte devrait nous pousser, nous tous qui sommes étrangers et voyageurs dans ce monde, à concourir à la prospérité et à la paix du pays où nous vivons. Notre nation en particulier et la ville que nous habitons devraient être bénis par le fait d'une constante intercession de notre part ; et nous devrions nous joindre de cœur et avec ferveur aux prières présentées en faveur du gouvernement de notre patrie. Prions avec insistance pour que Dieu nous conserve la paix. Si des émeutes et des révolutions devaient ensanglanter nos rues, ou si une guerre devait frapper notre patrie, nous aurions à pleurer devant une semblable calamité. Prions donc pour la paix, et appliquons-nous à répandre les principes qui tendent à unir les classes et les races diverses par des liens d'affection. Nous avons la promesse de vivre tranquilles dans la mesure où notre pays l'est lui-même. N'est-ce pas une chose désirable ? Cela nous permet d'élever nos familles dans la crainte du seigneur et de répandre l'Evangile sans entrave ni restriction. Prions donc beaucoup pour notre pays, confessant nos péchés nationaux, et demandant le pardon en même temps que la bénédiction de Dieu pour l'amour de jésus. Mon père, en cette matinée tranquille, alors que tout le monde dort, je te prie de bénir cette journée, accorde-moi de te faire la place que tu mérites, aide moi à être respectueux en vers toi, en chacun de mes frères. Donne-moi la grâce de laisser ton Saint-Esprit faire son travail à ma place, permet que j'exerce ta miséricorde avec joie. Je te remercie de toutes tes bontés déjà reçues : le thé du matin, le jardin, les oiseaux annonçant le jour nouveau, et même les araignées. Daigne-tu seigneur m'accompagner à ce jour : je suis si bien avec toi. Amen.

*édifions-nous

Genèse 18 :12 « Elle rit en elle-même, en disant : Maintenant que je suis vieille, aurais-je encore des désirs ? Mon seigneur lui aussi est vieux ». Abraham et Sara avaient reçu une promesse : la naissance d'un enfant. Malheureusement, le temps passa et l'enfant espéré n'arriva jamais. Désormais ils étaient vieux. Lorsque le seigneur réitéra la promesse disant : « Sara aura un fils l'année prochaine » (Genèse18 :10), cette dernière se mit à rire. Impossible ! Irréalisable ! Et pourtant l'année suivante, ils eurent bel et bien un fils qu'ils appelèrent Isaac, signifiant « il rit ». Ce nom a été donné comme un témoignage, un rappel. Ce nom sous-entend que même si vous doutez, ce que Dieu promet, il l'accomplit. Merci seigneur car je continuerai à avancer et à croire en ta fidélité. A toi soient le règne, la puissance et la gloire pour l'éternité, amen !

*édifions-nous

Jean 14 :18 « Je ne vous laisserai pas orphelins, je viendrai à vous ». Il nous a quittés, mais ne nous a pas laissés orphelins. Lui, notre consolateur, s'en est allé, mais nous ne sommes pas sans consolation, car il vient à nous ; et c'est là un réconfort suffisant pour nous soutenir pendant sa longue absence. Jésus est déjà en chemin. Il dit : « je viens bientôt » et hâte le pas vers nous ; il dit : « je viendrai » et personne ne peut empêcher sa venue, ni la retarder, fut-ce d'une minute. Il ajoute : « je viendrai à vous » et il le fera surement. Sa venue est spécialement pour les siens. C'est là leur consolation présente, tandis qu'ils pleurent parce que l'époux ne parait pas encore. Lorsque nous perdons le joyeux sentiment de sa présence, nous nous affligeons ; mais que ce ne soit pas comme s'il n'y avait point d'espérance. Notre seigneur nous a peut-être caché sa face pour un instant dans son amour ; mais il reviendra avec toute sa ferveur. Il nous quitte en un sens, mais seulement en un sens, car il nous laisse le serment qu'il reviendra. O seigneur, viens bientôt ! Il n'y a pas de vie pour nous dans cette existence terrestre, tant que tu es absent. Nous soupirons pour ton retour et le doux sourire de ta face. Quand viendras-tu à nous ? Je sais que tu réapparaîtras. Ne tarde donc point, o mon Dieu ! Comme il est bon, père, de laisser le soir, mon corps et mon cœur se détendre en ta présence. Je me prosterne devant toi et je t'adore, toi, en qui je peux tout aimer, ma tête dans le creux de mes mains, courbée jusqu'au sol même. Je te sens me porter, m'apaiser, je me blottis en toi. Je retrouve la tendresse et la simplicité de l'enfance. Aussi librement qu'un enfant, les yeux fermés, je déroule le jour passé, son lot de présence, d'amitié échangées, de travail accompli. Et je te dis : merci ! Je laisse aller ce qui n'est pas venu de toi, ténèbres qui s'évanouissent dans la nuit. J'espère en ta miséricorde. Et puis, je prépare demain, où tu m'appelleras, je le sais, à te voir et à te dire, à te louer et à t'annoncer. Alors, je sens ta paix m'envelopper peu à peu. Je n'ai même pas peur de m'endormir en te priant ! Je sais ton bonheur, père infiniment bon, du sommeil où je ne peux plus distinguer le nôtre père du je vous salue. Amen.

*édifions-nous

Dans l'art de vivre ce qui nécessite le plus c'est le courage, le courage d'être soi. Prendre les choses tels qu'elles sont sans apriori. C'est ça la vie, faire preuve d'abnégation, de patience, et le reste se déroule comme prévu. Car lui-même prend soin de nous. Je puis vous dire qu'il m'a fait le plus grand bien. Comparé à autrefois quand ma cause n'était pas sienne, je puis vous dire la tristesse et la désolation qui étaient dans mon cœur. Mais il a suffi juste d'un seul pas, d'une seule nuit pour que mon malheur se transforme en bonheur ; il était là parmi nous : le prince de paix. Sa miséricorde témoigne ma vie. Je me rends compte de sa grandeur infini et je résous en mon esprit que s'il n'avait été là, nous aussi ne serions là. Le chemin de la piété et de la vertu demeure l'un des plus controversé. Nous vivons tous un tas de choses auxquelles nous n'étions pas préparé. Et je puis vous dire de tenir bon, car cela relève du combat du juste : un peu de persécution ici pour beaucoup de joie là-bas. C'est ça la vie du chrétien, le christ lui-même au grand combien a été persécuté ; comme pour nous dire vous et moi que c'est tout sauf une voie aisée. Alors mes armes seront la prière et ma foi. Et à mon sauveur je confie la responsabilité de ma vie. Amen !

*édifions-nous

Proverbe 4 :23 « Garde ton cœur plus que toute autre chose, car de lui viennent les sources de la vie ». C'est la raison pour laquelle il est extrêmement important pour nous de contrôler les choses qui façonnent notre cœur. Je ne veux laisser aucune chose sale, immorale ou égoïste sortir de moi et blesser ma relation avec mon entourage et je doute que ce soit votre souhait. Garder votre cœur consiste en grande partie à apprendre à contrôler vos pensées, vos paroles, votre disposition de cœur et votre point de vue général sur les choses. Ce que vous pensez finit en général par s'exprimer dans ce que vous dites. Puis vos paroles affectent ce que vous ressentez, ce qui se manifeste tôt ou tard dans votre attitude générale. Seigneur, je veux que mon cœur soit rempli de pensées et de désirs qui viennent de toi. Alors que je passe plus de temps dans ta présence et que je me concentre sur toi, je sais que tu vas rendre mon cœur meilleur, ce qui va influencer positivement le reste de ma vie. Amen.

*édifions-nous

1Thessaloniciens 5 :11 « C'est pourquoi exhortez-vous réciproquement, et édifiez-vous les uns les autres, comme en réalité vous le faites ». Aujourd'hui, alors que je me rendais dans un immeuble de bureaux, un homme m'a ouvert la porte. Je l'ai remercié en lui souriant : « vous êtes la cinquième personne à qui j'ouvre la porte, me dit-il, et vous êtes la première à sourire et la seconde à me remercier ». Je l'ai remercié une seconde fois en lui souriant à nouveau. Eternel, aide-moi à être attentif à toutes les petites choses utiles que les gens font pour moi. Je ne veux surtout pas devenir ingrat, mais je veux les remercier et les élever. Amen.

*édifions-nous

Amos 4 :12 « C'est pourquoi je te traiterai de la même manière, Israël ; et puisque je te traiterai de la même manière, prépare-toi donc à la rencontre de ton Dieu, o Israël ! ». A l'époque de l'ancienne alliance, Dieu envoyait ses prophètes pour faire comprendre à son peuple qu'il devait se préparer à le rencontrer. Maintenant, c'est par l'intermédiaire de son fils Jésus-Christ que Dieu a choisi de nous rencontrer. Il l'a envoyé pour nous ouvrir le chemin du ciel qui nous était fermé à cause de nos péchés. Notre vie sur terre nous conduit, que nous le voulions ou non, dans l'éternité. Alors, nous aurons à rencontrer le Dieu saint et à lui rendre compte de notre attitude et de nos actes, car il est écrit : « tous, nous comparaitrons devant le tribunal de Dieu ». C'est pourquoi il nous appartient de nous préparer à cette ultime rencontre si nous ne voulons pas subir la condamnation. Comment puis-je me préparer à faire face à ce jour-là auquel personne n'échappera ? En acceptant la grâce qui nous est offerte par Jésus-Christ. Il est notre seul médiateur. Par lui, nous pouvons être réconciliés, retrouver la relation avec le Dieu saint. Le Dieu créateur des cieux et de la terre nous adresse un appel d'amour. Il a manifesté cet amour en envoyant son fils unique pour expier nos péchés sur la croix afin que nous soyons déclarés justes par le moyen de la foi. Il nous appartient donc d'accepter ce merveilleux don ; alors, au terme de notre vie terrestre, nous pourrons rencontrer Dieu sans craindre le jugement. Seigneur, continue à m'interpeller, pour que je ne m'enferme pas en moi-même. Continue à me demander, pour que je ne capitalise pas. Amen.

*édifions-nous

Romain10 :9 « Si tu confesses de ta bouche le seigneur jésus, et si tu crois dans ton cœur que Dieu l'a ressuscité des morts, tu seras sauvé ». Dieu dit qu'il faut faire confession de la bouche ; l'as-tu fait ? As-tu avoué ouvertement ta foi au christ comme sauveur que Dieu a ressuscité des morts ? L'as-tu vraiment confessé comme l'Eternel Dieu t'y invite ? Dieu demande en outre la foi du cœur. Crois-tu sincèrement à jésus ressuscité ? Te confies-tu en lui comme en ton seul espoir de salut ? Peux-tu dire loyalement devant Dieu que tu as cette foi dans le cœur ? Si tu peux en sincérité répondre affirmativement que tu as confessé christ et cru en lui, tu es sauvé. Le texte ne dit pas qu'il pourrait en être ainsi, ceci est une affirmation, une ferme assurance. La déclaration est aussi nette qu'un poteau indicateur, aussi claire que le soleil dans le ciel. Elle dit : « tu seras sauvé ». Croyant en jésus et le confessant, je puis, moi, poser ma main sur cette promesse pour la lui présenter à ce moment même, et pour ma vie entière, comme à l'heure de ma mort et au jour du jugement. Je dois être sauvé du châtiment du péché, de la souillure du péché, de la puissance du péché, et enfin, de l'existence même du péché. L'Eternel dit : « tu seras sauvé », je le crois. Je serai sauvé. Je suis sauvé. Gloire soit à Dieu aux siècles des siècles ! O douce flamme, brules-en mon cœur, éclaire mon âme et que naisse mon bonheur. Feu éternel, prenant source en Dieu, guide vers le ciel, les âmes de tous lieux. Amen !

*édifions-nous

Psaumes 92 :13 « Les justes croissent comme le palmier, ils s'élèvent comme le cèdre du Liban ». Ces plantes ne sont pas dressées ni émondées par l'homme. Le palmier et cèdre sont des arbres de l'Eternel, et c'est par ses soins qu'ils s'élèvent. Il les cultive de sa propre main. Ces arbres sont toujours verts et en toute saison superbes à voir. De même les croyants ne sont pas tantôt saints et tantôt mondains : ils sont fermes et reflètent la beauté du seigneur en tout temps. Partout, ces arbres se font remarquer. Nul ne peut considérer un paysage où se dressent des palmiers ou des cèdres, sans que son œil soit frappé par leur taille majestueuse. Les disciples de christ sont, eux aussi, observés de tous. De même qu'une ville sur la montagne, ils ne peuvent être cachés. L'enfant de Dieu fleurit comme un palmier qui pousse droit en haut, dans une direction unique, formant une colonne rectiligne, couronnée d'un glorieux chapiteau. Il ne se jette ni à droite, ni à gauche, mais s'élance tout entier vers le ciel et porte son fruit aussi près du ciel que possible. Donne-moi, o Dieu, de réaliser cet emblème ! Le cèdre brave l'orage, et croit même auprès des neiges éternelles, Dieu lui-même le remplissant de sève qui le réchauffe intérieurement et affermit ses branches. Qu'il en soit de même aussi pour moi, seigneur, je t'en supplie ! Amen.

*édifions-nous

Ezéchiel 16 :60 « Mais je me souviendrai de mon alliance avec toi au temps de ta jeunesse, et j'établirai avec toi une alliance éternelle ». Quels que soient nos péchés, le seigneur reste fidèle dans son amour envers nous. Vois comme il se souvient de ces jours d'autrefois, quand il nous prit pour faire alliance avec nous, et que nous nous donnâmes à lui. Heureux jour, que ceux-là ! Le seigneur ne nous reproche rien et ne nous accuse pas de manque de sincérité. Non, il regarde à son alliance avec nous, plus qu'à la nôtre avec lui. Aurait-il pu y avoir aucune arrière-pensées de sa part dans ce pacte sacré ? Quelle bonté il nous témoigne, au contraire, de se souvenir de nous dans son amour ! Il regarde devant ensuite. Il a résolu de ne pas manquer à son alliance. Si nous n'y sont pas fidèles, lui demeure fidèle. Il nous déclare solennellement : « j'établirai avec toi une alliance éternelle », et il ne songe pas à revenir en arrière. Béni soit son nom, il contemple le sceau sacré, le sang de l'alliance éternelle et se souvient de notre garant en qu'il a ratifié cette alliance, son fils bien-aimé ; c'est pourquoi il gardera ses engagements sacrés. Il demeure fidèle, il ne peut se renier lui-même. Seigneur, dépose cette précieuse promesse sur mon cœur, et fais que je m'en nourrisse tous les jours de ma vie ! Notre père, qui es aux cieux, père de jésus, père de tous les hommes, notre père, tu es là présent, au cœur de chacun de nous. Tu es source de vie, tu fais de nous tes enfants. Que ton nom soit sanctifié ! Notre père, toi qui es le père de tous les hommes, que dans tous les pays, dans toutes familles, dans toutes les maisons, ton nom soit connu ! Ton nom soit aimé ! Que ton règne vienne. Viens, seigneur, viens, que ton amour grandisse, dans le cœur de tout homme ! Viens, seigneur, viens change nos cœurs ! Que ta volonté soit faite sur la terre comme au ciel. Que tous les hommes écoutent ta parole, qu'ils la gardent. Qu'ils se laisse guider par elle. Donne-nous aujourd'hui notre pain de ce jour. Donne-nous le pain pour notre faim, la joie pour notre cœur, la lumière pour nos yeux. Donne-nous le pain de ta parole, le pain de vie, toi jésus, vrai pain de Dieu. Pardonne-nous nos offenses, comme nous pardonnons à ceux qui nous ont offensés. Apprends-nous, seigneur, à pardonner comme toi, tu pardonnes ! Apprends-nous, seigneur, le geste du pardon, la parole du pardon ! Apprends-nous, seigneur, les gestes et les paroles qui construisent la paix ! Ne nous laisse pas céder à la tentation mais délivre-nous du mal seigneur, toi qui es lumière, empêche-nous de nous perdre, que rien ne puisse nous sépare de toi, que tu deviennes lumière en moi ! Amen.

*édifions-nous

Esaïe 43 :2 « Si tu traverses les eaux, je serai avec toi ; et les fleuves, ils ne te submergeront point ; si tu marches dans le feu, tu ne te bruleras pas, et la flamme ne t'embrasera pas ». Ici, pas de pont : nous avons à passer au travers des eaux et devons sentir la force du courant. Pour traverser ces flots, la présence de Dieu vaut mieux qu'une barque. Il faut que nous soyons éprouvés, mais le triomphe nous est assuré, car l'Eternel lui-même, plus puissant que de grandes eaux, sera avec nous. Quand, dans toute autre circonstance, il se tiendrait à distance des siens, le seigneur sera surement avec eux au milieu des difficultés et des dangers. Les peines de cette vie peuvent atteindre un niveau extraordinaire, mais le seigneur sera à la hauteur de tous les besoins. Les ennemis de Dieu peuvent susciter sur notre chemin maints dangers, tels que des persécutions ou des cruelles moqueries, qui sont pour nous comme une fournaise ardente. Mais nous marcherons au travers de cette flamme. Dieu étant avec nous, nous n'en serons point brulés ; même l'odeur du feu ne passera point sur nous. Oh ! sécurité merveilleuse de ces pèlerins, fils du ciel et marchant vers le ciel ! Les flots ne peuvent les noyer, le feu ne peut les consumer. Ta présence, o Dieu, est la protection de tes saints au milieu de tous les périls de la route. En toute confiance, seigneur, je me remets entre tes mains et mon esprit trouve en toi un tranquille repos. Oh seigneur, je n'ai rien à te demander. Je suis béni avec tout ce qu'on peut espérer avoir. J'ai des yeux pour voir, des oreilles pour entendre, toutes ces choses sont tes splendeurs. Je réussi à m'exprimer dans ce monde tellement vaste et varié ; là encore, c'est ta splendeur. Je peux créer, je peux détruire, toutes ces possibilités sont encore ta splendeur. Je peux même te faire cette prière. De t'apprécié est encore ta splendeur. Je ne te demande rien, parce que tu m'as tout donné. Ta présence est quelque chose que je ne peux manquer que ce soit intérieurement ou extérieurement. Que ta grâce soit avec moi non pas pour que j'y gagne quelque chose de nouveau mais pour que je puisse voir ta *splendeur. Dans tout ce que j'accompli, dans tout ce que je peux faire, laisse-moi voir ta splendeur. Amen.*

*édifions-nous

Proverbes 10 :27 « La crainte de l'Eternel augmente les jours, mais les années des méchants sont abrégées ». Il n'y a pas de doute ; la crainte de l'Eternel donne des habitudes saines qui préviennent la dissipation de la vie par le fait du péché et du vice. Le saint repos qui provient de la foi au seigneur jésus est un grand secours et un excellent remède pour le malade. Le médecin se réjouit toujours de trouver un esprit tout à fait paisible chez ses patients. L'inquiétude tue, mais la confiance en Dieu est une médecine qui guérit. Nous avons ici les dispositions en vue d'une longue vie, et si nous les suivons pour notre bien, nous verrons une heureuse vieillesse et n'atteindrons la tombe que moissonnée en notre saison. Ne soyons donc pas tourmentés par la crainte d'une fin subite, dès que nous sentons le moindre mal au doigt, mais ayons cette confiance que Dieu veut nous donner de longs jours pour son service. Si toutefois son dessein était de nous appeler de bonne heure à des sphères supérieures, il y aurait encore lieu de nous réjouir de cette dispensation. Soit que nous vivions, soit que nous mourrions, nous sommes au seigneur. Si nous vivons, jésus sera avec nous, si nous mourrons, nous serons avec lui. Le plus sûr moyen de prolonger notre vie, c'est de vivre. Tandis que nous sommes ici-bas, ne perdant point de temps, mais consacrant chacune de nos heures à poursuivre le but le plus élevé, et nous dévouant à l'œuvre la plus utile pour lui. Qu'il en soit ainsi ce jour ! Que cette journée est belle. O maitre de l'univers, je te rends grâce de tout. De ta bonté et de ta lumière. Pardonne-moi mes péchés, donnes-moi la force d'aimer, car dans mes habitudes quotidiennes, trop souvent j'oublie que c'est toi que j'aime et qui m'aime aussi. Amen.

*édifions-nous

Exode 33 :14 « l'Eternel répondit : je marcherai moi-même avec toi, et je te donnerai du repos ». Précieuse parole que celle-ci ! Seigneur, donne-moi de me l'approprier personnellement. Nous pouvons être appelés à quitter notre demeure, car ici-bas nous n'avons pas de cité permanente. Il arrive souvent que nous nous voyons subitement obligés de quitter les lieux où nous semblons être le mieux établis. Or, à ce mal pénible, nous avons ici remède. La face du seigneur lui-même vient nous accompagner. Sa face, c'est sa faveur, sa présence, ses soins, sa garde, sa puissance qui nous suivent dans tous nos pas. C'est là tout ce dont nous avons besoin, car cela inclut toutes choses. Si Dieu est présent avec nous ; nous avons avec lui le ciel et la terre. Viens avec moi, seigneur, puis dirige-moi où tu voudras. Mais notre espoir est de trouver un lieu de repos. Le texte le promet. Nous aurons le repos que Dieu seul donne, qui procède de lui et dans lequel il nous garde. Sa présence nous donnera le repos, déjà pendant notre, marche, et même dans la bataille. REPOS mot trois fois béni. L'homme mortel peut-il connaître le repos ? Oui, car en voici la promesse, et par la foi, nous pouvons le *demander. Le repos nous vient du consolateur, du prince de paix, du père de gloire qui, le septième jour s'est reposer de toutes ses œuvres. Etre avec Dieu, c'est là le repos dans son sens le plus étendu. Seigneur, tu es avec moi, et je suis en repos. Ce soir, nous nous tournons vers toi, seigneur. Toi qui est si proche de ton fils jésus, soit notre intermédiaire, pour demander d'abord au seigneur pardon de nos fautes : nos manque d'écoute, nos impatiences l'un vis-à-vis de l'autre, et vis-à-vis de nos enfants, l'amour que nous n'avons pas su partager aujourd'hui dans notre travail et dans nos rencontres. Seigneur, avec toi, ce soir, nous voulons dire merci ! Merci pour la joie que nous vivons au sein de notre foyer. Merci pour la joie que nous avons de partager avec les jeunes et pour l'aide que le seigneur nous donne afin de tenir nos responsabilités. Toi, seigneur, qui est père, notre père et notre modèle, apprends-nous à accueillir les autres tels qu'ils sont, avec leurs difficultés et leurs joies. Apprends-nous à les aimer, à les écouter, à les aider. Ce soir, ce qui nous rend tristes, c'est de penser à tous ceux qui sont dans la peine : les malades, les isolés, les enfants qui ne peuvent gouter la joie d'un vrai foyer. Aide-nous à être présent auprès d'eux. Aide-nous à vivre une vie de vrais chrétiens, dans notre foyer, notre quartier, nos milieux de travail, auprès des enfants et des jeunes. Seigneur, nous t'en prions : demande à faire découvrir à nos enfants Jésus-Christ vivant dans les évènements de tous les temps. Elargis notre cœur ! Inlassablement réapprends-nous la prière que ton fils nous a enseignée : notre père qui est aux cieux. Amen.*

*édifions-nous

Esaïe 33 :16 « Celui-là habitera dans des lieux élevés ; des rochers fortifiés seront sa retraite ; du pain lui sera donné, de l'eau lui sera assurée ». L'homme qui a reçu de Dieu la grâce d'avoir une vie sans reproche habite en parfaite assurance. Il occupe un lieu élevé ; il est au-dessus du monde, hors des atteintes de l'ennemi, près du ciel. Il éprouve de généreux désirs et s'inspire des plus purs mobiles. Les joies qu'il ressent sont plus relevées, et les compagnies qu'il fréquente, plus nobles. Il se restaure au souffle vivifiant de l'amour éternel. Il est en outre défendu par des rocs inaccessibles, car la place forte du croyant fidèle et obéissant, ce sont les desseins et les promesses du Dieu invariable, c'est-à-dire ce *qui existe de plus immuable. Sa subsistance lui est fournie par cette promesse : « le pain lui sera donné ». L'ennemi ne peut escalader sa position, ni renverser son rempart, ni le prendre par la famine. L'Eternel, qui a fait pleuvoir la manne dans le désert, saura pourvoir son peuple du nécessaire, même lorsqu'il sera entouré d'ennemis prêts à l'affamer. Mais si l'eau vient à manquer ? Ceci n'arrivera pas, car « ses eaux ne lui manqueront point ». Une source intarissable jaillira au centre de cette forteresse inexpugnable. Le seigneur pourvoit à ce que rien ne fasse défaut. Personne ne pourra nuire aux citoyens de la vraie Sion. Quelque menaçant que ce soit leur ennemi, Dieu garde ses élus. Dieu éternel et créateur de toutes choses, toi qui, dans ton insondable bonté, m'as appelé du non-être à la vie, qui m'as accordé la grâce du baptême et de la nouvelle naissance d'en-haut et qui m'as donné le désir de te chercher, o toi seul, le vrai Dieu, écoute ma prière. Bénis ce jour que tu m'accordes par la puissance de ta bénédiction, rends-moi capable, en tout temps et en tout lieu, de parler et d'agir pour ta gloire avec un esprit pur, avec humilité, patience et amour, avec douceur, paix, courage et sagesse, et d'être toujours conscient de ta présence. Par la puissance de ton amour, accorde-moi de m'attacher au bien. Enseigne-moi ce que je dois dire et comment je dois parler. Et si ta volonté est que je me taise, inspire-moi de garder silence dans un esprit de paix. Donne-moi de t'aimer comme tu l'as commandé : de tout mon cœur, de toute mon âme, de toute mon intelligence, de toute ma force et de tout mon être. Oui, seigneur, par ton Saint-Esprit, apprends-moi la bonté. Amen.*

*édifions-nous

Marc 16 :7 « Mais allez dire à ses disciples et à pierre qu'il vous précède en Galilée : c'est là que vous le verrez, comme il vous l'a dit ». Là où il avait convoqué ses disciples, là il devait, là se trouver au temps désigné. Jésus tient ses engagements. S'il promet de nous accueillir au trône de grâce, ou dans l'assemblée de ses disciples, nous pouvons être assurés de l'y rencontrer. A cause de notre méchanceté ou de notre incrédulité, nous pouvons, de notre côté, manquer au rendez-vous, mais lui jamais. « Là ou deux ou trois sont assemblés en mon nom, déclare-t-il, j'y suis ». Il ne dit pas « j'y serai », mais « j'y suis » déjà. Jésus est toujours le premier à ce rendez-vous : « il s'en va devant vous ». Son cœur et sa joie sont dans son peuple ; il ne tarde jamais à venir à sa rencontre. C'est toujours lui qui nous prévient. Mais il se révèle à ceux qui le suivent : « vous le verrez là » vue et bénie, nous ne tenons guère à voir, même les plus grands d'entre les hommes ; mais le voir, lui ! c'est être rempli de joie et de paix. Et nous le verrons, car il promet de venir à ceux qui croient en lui, et de se manifester à eux. Sois assuré qu'il en sera ainsi pour toi, car il agit toujours selon sa promesse « comme il vous l'a dit ». Attache-toi donc à cette dernière parole, et sois assuré que, jusqu'à la fin, il fera pour toi ainsi qu'il l'a dit. Nous vivons, seigneur dans un monde fermé à double tour, verrouillé par des milliers, des millions de clés. Chacun a les siennes : celles de la maison et celles de la voiture, celles de son bureau et celles de son coffre. Et comme si ce n'était rien tout cet attirail, nous cherchons sans cesse une autre clé : clé de réussite ou clé du bonheur, clé du pouvoir ou clé des songes. Toi, seigneur qui as ouvert les yeux des aveugles et les oreilles des sourds, donne-nous aujourd'hui la seule clé. Amen.

*édifions-nous

Psaumes 27 :14 « Espère en l'Eternel ! Fortifie-toi et que ton cœur s'affermisse ! Espère en l'Eternel ! ». Oui ! que notre attente soit en l'Eternel ; il est digne de cette attente et ne confondra pas l'âme qui s'attend à lui. Pendant cette attente, que votre esprit demeure ferme. Comptez sur une grande délivrance et soyez prêts à louer Dieu. La promesse capable de vous encourager fait le centre de ce passage : elle fortifiera votre cœur. Elle va droit au point qui a besoin de secours, à notre centre, qui est le cœur. Si le cœur est sain, tout le reste ira bien. Le cœur a besoin de calme et de réconfort, et il les recevra après qu'il aura été fortifié. Un cœur fort demeure dans le repos et la confiance, et répand sa force dans l'être tout entier. Qui peut pénétrer jusqu'au secret de la source de vie, le cœur, pour y verser la force, que Dieu seul qui l'a créé ? Dieu est rempli de force, et il peut la communiquer à ceux qui en manquent. Soyons donc vaillants, car le seigneur vous fera part de cette force qui est la sienne, tellement que vous serez calmes dans la tempête et joyeux dans l'affliction. Celui qui écrit ces lignes peut aussi comme David, ajouter : « attends-toi, à l'Eternel ». Il l'a fait et il le dit, car il a appris par une longue expérience qu'il est bon pour l'homme de s'attendre à l'Eternel. Il m'arrive souvent, seigneur, de penser que je suis trop occupé pour prier. Est-ce possible que le temps me manque pour penser à toi ? Tu es toujours à mes côtés, seigneur, n'es-tu pas mon soutien, ma force et mon courage ? Je veux donc m'habituer, seigneur à te parler comme à un ami, à te confier mes joies et mes peines. Je veux te dire : seigneur, je t'aime. Quand je serai fatigué, aide-moi à dire quand même : seigneur, je t'aime. Quand j'éprouverai de la difficulté à pardonner, je n'aurai qu'à penser à te dire : seigneur, je t'aime. Quand il fera sombre en moi, quand je ne saurai trop où tu es, alors je t'appellerai en disant : seigneur, je t'aime. Mon devoir sera plus doux et mon travail deviendras une prière : seigneur, je t'aime. Et simplement pour te plaire, sans autre raison que cela, accepte que souvent je te dise : seigneur, je t'aime. Pour les joies que tu me donnes, mon merci, le voici : seigneur, je t'aime. Amen.

*édifions-nous

Ezéchiel 47 :9 « Tout être vivant qui se meut vivra partout où le torrent coulera, et il y aura une grande quantité de poissons ; car là où est cette eau arrivera, les eaux deviendront saines, et tout vivra partout où parviendra le torrent ». Les eaux vives, dans la vision du prophète, coulaient dans la mer morte et portaient la vie jusqu'à ce lac d'eaux stagnantes. Là où circule la grâce, arrive toujours partout et immédiatement la vie spirituelle. La grâce procède souverainement de la volonté de Dieu, dont elle suit la douce direction, comme un cours d'eau ses rives. Où que ce soit qu'elle passe, elle n'attend pas que la vie se manifeste pour couler, mais la produit d'elle-même par son onde vivifiante. Oh, que cette rivière de grâce coule dans nos rues et déborde dans nos bas-fonds ; qu'elle monte jusqu'à ma maison et s'élève jusqu'à ce que ma couche en soit inondée. Seigneur, que cette eau vive passe sur ma famille et parmi mes amis, mais quelle n'y passe sans m'atteindre moi-même. J'y ai déjà bu, je l'espère, mais je voudrais m'y plonger, y nager ! O mon sauveur, il me faut une vie abondante ! Viens à moi, je t'en prie, jusqu'à ce que chaque partie de mon être en soit vivifiée d'une manière intense. Dieu vivant, je te demande de me remplir de ta propre vie ! Je suis pauvre et sec comme du bois mort. Viens et fais-moi tellement vivre que, comme la verge d'Aaron, je puisse pousser des fleurs et des fruits à ta gloire. Vivifie-moi pour l'amour de ton fils jésus ! Amen.

*édifions-nous

Psaumes 66 :19 « Mais Dieu m'a exaucé, il a été attentif à la voix de ma prière ». « Prie ! Tu n'en as jamais eu autant besoin ! », et l'officier sortit sa montre tandis que le peloton d'exécution se formait. Un soldat de la grande guerre venait d'être accusé d'espionnage ; on l'avait vu à plusieurs reprises se rendre dans un petit bois en direction des lignes ennemies. Quelques jours auparavant, un officier de son régiment avait été passé par les armes pour intelligence avec l'ennemi. Le soldat fut donc amené manu militari devant le colonel par les témoins de son crime supposé. Qu'as-tu à répondre pour ta défense ? Demanda le colonel. Mon colonel, je n'ai rien à dire sinon que je me suis retiré, en effet pour prier et c'est alors que je fus arrêté. « Prie donc maintenant », tu en as besoin plus que jamais. Et devant le peloton d'exécution, armes aux pieds, le jeune soldat s'agenouilla et répandit son âme devant Dieu son père. Il pria, pria fort longtemps en présence de tous ces hommes saisis d'étonnement. Va, lui dit alors le colonel avec une vive émotion, tu as dit la vérité. Il est facile de voir à la bataille, ceux qui vont souvent à l'exercice. Et le colonel rentra sa montre. Ami lecteur, ayez foi en Dieu et sachez que lorsqu'un malheureux crie, l'Eternel entend et le sauve de ses détresses. Seigneur Dieu, par ton Esprit, tu leur as accordé les dons nécessaires. A l'écoute de ta parole qu'ils nous ont transmise, nous y reconnaissons ton amour. Amen.

*édifions-nous

Jean 16 :13 « Quand le consolateur sera venu, l'Esprit de vérité, il vous conduira dans toute la vérité ; car il ne parlera pas de lui-même, mais il dira tout ce qu'il aura entendu, et il vous annoncera les choses à venir ». La vérité est comme une vaste caverne dans laquelle nous désirons entrer, mais que nous sommes incapables de traverser seuls. Elle est claire et lumineuse à son entrée ; mais si nous voulons pénétrer plus loin et l'explorer dans ses retraites secrètes, il nous faut un guide, sans quoi nous nous perdons. Le Saint-Esprit, qui connait parfaitement toute la vérité, est ce guide qui est assigné à tout vrai croyant pour le conduire, aussi loin qu'il peut l'appréhender, d'une chambre à une autre, afin qu'il apprenne à connaitre les choses profondes de Dieu et que ses secrets lui soient dévoilés. Quelle promesse pour l'âme qui cherche humblement ! Nous désirons connaitre la vérité et y pénétrer. Nous nous rendons compte que nous sommes sujets à errer et que nous avons un besoin urgent d'être guidés.

Réjouissons-nous donc de ce que le Saint-Esprit est venu pour demeurer avec nous. Il condescend à nous servir de guide, et nous acceptons joyeusement sa conduite. « C'est toute la vérité », que nous voulons afin de ne pencher d'aucun coté. N'ignorons volontairement aucune partie de la révélation, de craindre de perdre une bénédiction et de tomber ainsi dans le péché. L'Esprit de Dieu nous a été donné afin de nous conduire dans toute la vérité : qu'avec des cœurs obéissants nous écoutions sa parole et suivions ses directions. Seigneur, quand le doute me gagne, quand je commets des erreurs, quand je me sens perdu, je me tourne vers toi. Quand je me méprends, quand j'ai peur, quand je désespère, je me tourne vers toi. Quand je perds confiance, tu es toujours là pour moi, tu me comprends, me rassures et me guides. En toi, j'ai toute ma confiance, montre-moi le chemin de la lumière. Merci seigneur pour la vie. Amen.

L'auteur :

Jean Prosper zalang zang

Printed by Books on Demand GmbH, Norderstedt / Germany